끝까지 살아남는
탄탄한 기업의 비밀

끝까지 살아남는

# 탄탄한
# 기업의
# 비밀

창업가들을 위한
스마트한 경영전략

박명일 지음

지식인하우스

머리말

———

2010년, 필자가 은행으로부터 (보증)사고통지서를 받고 한 보증기업을 찾아간 적이 있다. 공장에는 선반, 밀링 등의 기계장치뿐만 아니라 공장에 딸린 대표자의 살림집에도 압류 스티커들이 붙어 있었다. 가족들은 가까운 친척집으로 뿔뿔이 흩어지고 대표자 혼자만이 공장을 지키고 있었다. 대표자는 공장을 가동해 재기하려는 강한 의지가 있었지만, 공장은 경매가 예정되어 있었다. 그리고 필자가 할 수 있는 일은 부동산 가압류와 대표자를 신용관리정보등록(신용불량자등록)하는 것뿐이었다. 드라마에서나 보던 장면을 실제로 목격하면서 당시 필자는 큰 충격에 빠졌었다.

그때의 경험으로 인해 필자는 실패 기업을 조금이라도 줄여보겠다는 생각을 하게 되었다. 그래서 실패 기업들에 주목하고 그들의 실패 사례들을 분석하면서 실패의 원인과 생존 전략에 대한 연구를 시작하였다. 특히 창업자들에게 도움이 되고자 대기업보다는 기술기반 창업기업(기술창업기업)의 사례를 집중적으로 분석하였다. 그리고 다수의 창업자들과의 인터뷰를 통해 그들의 경험과 생각을 공유하면서 이에 대한 완성도를 높여 나갔다. 이후 강의와 강연 등을 통해 필자의 생각을 공유하였으나, 좀 더 많은 대중들에게 메시지를 전달하고자 관련 내용을 정리하여 책으로 출간하게 되었다.

　필자가 인터뷰한 다수의 창업자들은 자신과 기업이 나아가야 할 방향성을 제시해 주는 안내서의 필요성에 대해 강조하였다. 하지만 개인의 인생과 마찬가지로 사업에 성공하기 위한 일반해 general solution는 존재할 수가 없다. 각 개인이 보유하고 있는 가치관과 개성이 고유하듯, 기업 경영도 개별 기업에만 적합한 특수해 particular solution만이 존재할 뿐이다. 개별 기업의 성공에 필요한 완벽한 전략을 제시하는 것은 대단히 난해한 과제이다. 그래서 필자는 실패 사례에 주목하였고 실패 사례를 통해 생존에 필요한 통찰력을 제공해 주고 싶었다. 본문에서 제시된 사례들은 기술보증기금을 이용했던 실제 기업들로 독자들을 생생한 창업 현장으로 인도할 수 있으리라 생각된다. 또한 창업자들이 향후 경험하게 될 위기들에 대해 예측하고 대비하는 데 도움을 주고자 성장 단계별로 발생할 수 있는 대표적인 실패 사례들을 배치하였다.

우리나라는 협소한 자본시장과 보수적인 사회적 분위기로 인해 실패한 창업자가 재기하기 어렵다. 연체 이력을 보유한 창업자가 금융기관을 이용하는 것은 현실적으로 불가능하며, 실패한 것으로 소문난 상태에서 신규 거래처를 확보하는 것도 쉬운 일은 아니다. 또한 기업과 창업자의 성패를 동일시하는 사회적 인식이 존재하는 것도 사실이다. 즉 연쇄창업가<sup>serial entrepreneur</sup>들이 탄생하기 어려운 환경으로 인해 창업자들의 대부분은 창업을 처음 경험하는 초보 창업자들이다. 이 책을 통해 경영자로서의 미숙한 경험과 지식을 갖춘 초보 창업자들이 기업 성장 단계별로 발생할 수 있는 실패 사례에 대해 주목하고 이를 반면교사<sup>反面教師</sup>로 삼기를 바란다.

필자가 기술보증기금에서 근무하면서 경험한 다양한 실패 사례를 분석해본 결과, 실패에는 경영 프로세스의 부재라는 결정적인 원인이 있었다. 따라서 이를 해결하면 생존에 이를 수 있을 것이라는 결론에 이르게 되었다. 하지만 대기업처럼 자본, 인력 및 시스템이 부족한 기술창업기업에게 경영 프로세스만을 강조하는 것이 해결책은 아니라고 판단되었다. 그래서 기술창업기업의 장점은 최대한 활용하면서도 부족한 경영 프로세스를 보완하여 생존하고 있는 사례를 소개하고, 이를 통해 생존 전략을 모색하였다. 또한 이들의 생존 전략을 개별 기업에 적합하게 더욱 발전시키면 성공 기업으로 성장할 수 있는 시작점이 될 것으로 판단된다.

기업 실적이 부진하거나 실패한 경우 창업자들이 그 원인을 종업원과 사업 운으로 돌리는 경우를 종종 경험하였다. 특히 뛰어난 경력과 스펙을 보유한 창업자들에게서 이런 일을 자주 목격하였다. 이들이 이렇게 실패의 원인을 남의 탓으로 돌리는 것은 기업과 경영의 본질에 대한 이해가 부족했기 때문이라고 생각한다. 종업원과 사업 운은 창업자의 경영자로서의 자질에 달려 있음을 명심해야 한다. 태어날 때부터 뛰어난 창업자는 존재하지 않는다. 훌륭한 창업자가 되기 위해 창업자 먼저 변화하고 노력할 때만이 종업원이 바뀌고 사업 운도 찾아온다는 점을 반드시 인식해야 한다. 이 책을 통해 창업자들의 자세가 조금이라도 변화되기를 바라본다.

최근에는 각종 창업지원기관들과 제도가 마련되어 있어 창업을 적극적으로 지원하고 있다. 하지만 필자의 경험에 비추어 볼 때 창업 교육에 대한 전반적인 인프라는 매우 부족한 상황이다. 특히 국내에는 창업 교육에 대한 커리큘럼과 교재가 마땅한 것이 없어 주로 미국의 교육 시스템과 교재를 그대로 답습하고 있는 실정이다. 이런 상황에서 이 책이 창업자, 예비 창업자 및 창업지원기관 관계자들에게 조금이나마 실무적으로 도움이 될 수 있을 것이다. 그리고 궁극적으로 창업 후 5년도 생존하지 못하고 소멸하는 이른바 '스타트다운Start-down'(기업 생존 기간이 5년 이내로 단명하는 기업)이 조금이나마 줄어들기를 기대해본다.

"나무가 부러지는 것은 반드시 벌레가 파먹기 때문이며, 담이 무너지는 것은 반드시 틈이 생겼기 때문이다. 하지만 벌레 먹은 나무라 해도 강한 바람이 불지 않으면 부러지지 않을 것이고, 틈이 생긴 담이라 할지라도 큰비가 내리지 않으면 무너지지 않는다."[1]

위태로운 상황에서 예상치 못한 리스크를 적절하게 대응하지 못했을 때 비로소 기업은 소멸하게 된다. 모쪼록 이 책이 향후 발생하게 될 위기를 현명하게 대처하는 데 작은 밑거름이 될 수 있기를 바라본다.

2017년 9월
**박명일**

# 창업創業보다 어려운 수성守成의 길

전국시대 진나라는 중앙집권적인 권력 체계와 강력한 군사력을 바탕으로 6개의 제후국을 차례대로 복속하여 중국 최초의 통일 국가가 되었다. 진시황이 제나라를 마지막으로 평정(기원전 221년)함으로써 천하통일을 완수하였지만, 전국시대 내내 분열되었던 제후국들이 진나라로 통합되기까지 대략 182년이나 걸렸다.

하지만 진나라는 대업을 이룩한 지 불과 15년 만에 허망하게 멸망(기원전 206년)하고 말았다. 진시황은 통일 이후 과도한 중앙집권 정책을 펼쳤으며, 만리장성뿐만 아니라 곳곳에 무리한 토목 공사를 벌였다. 이 과정에서 무거운 징수와 징발 등 백성들의 고혈을 짜는 폭정으로 명성을 쌓았다. 그럼에도 그는 진나라가 만대에 걸쳐 영원할 것이며, 자신 또한 황제로서 영생하기를 소원했다. 진시황은 각지로 신하들을 파견하여 불로초와 불로장생의 비법을 얻는 데 모든 수단을 동원했으나 지방을 순시하다가 50세에 객사하는 불운을 맞고 말았다.

회사를 창업할 때는 누구나 자신이 갖고 있는 모든 열정과 에너지, 경제력 등을 쏟아붓는다. 그리고는 그 회사가 오래도록 굳건하게 번영하기를 희망할 것이다. 하지만 창업자의 기대와 달리 창업기업의 생존율은 가히 충격적이다. 통계청[2]에 따르면, 2009년부터 2014년 사이에 창업한 신생 기업의 1년 생존율은 최고 62.4%, 최저 59.8%로 대략 60% 수준이었다. 반대로 해석하면 창업하여 불과 1년 만에 사라져 없어지는 비율이 무려 40%에 달한다.

〈그림 1〉 신생 기업의 연도별 1년 생존율 (단위 : %)

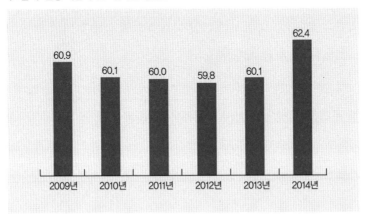

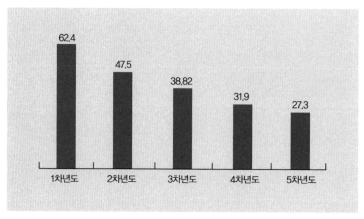

〈그림 2〉 신생 기업의 생존율 추이 (단위 : %)

신생 기업의 생존율 추이를 살펴보면 창업 현실은 더욱 비참해진다. 2009년 창업한 신생 기업의 창업 1년 후 생존율은 62.4%였으나 5년 후 생존율은 불과 27.3%였다. 이 수치는 간암 환자의 5년 생존율인 32.8%[3]보다도 낮은 수치이다. 즉 대한민국의 신생 기업은 창업하는 순간부터 간암 환자 수준의 수명을 기대해야 한다. 참담하지만 이것이 현실이다.

상권이 형성된 번화가를 지나가다 보면 개업하는 점포들을 흔히 목격하게 된다. 여기서 주목해야 할 점은 점포 개업이 과거 사업자의 폐업 혹은 이사를 의미한다는 사실이다. 그리고 통계청의 자료를 분석해보았을 때 과거 사업자는 이사가 아닌 폐업이었을 가능성이 높다.

예비 창업자들의 창업 의지를 꺾기 위해 부정적인 통계를 가져온 것이 아니다. 그보다는 창업하면 무조건 성공할 것이라는 막연한 기대감에 부풀어 무계획적으로 창업하려는 예비 창업자들이 감소했으면 하는 소망에서 통계를 인용한 것이다. 이를 통해 분명하게 얻을 수 있는 결론은 신생 기업은 스타트업Start-up이 아니라 스타트다운Start-down이 될 가능성이 더 높다는 것이다.


당 태종 이세민이 신하들에게 물었다.[4]

"제왕에게 창업創業과 수성守成 가운데 어느 쪽이 더 어려운가?"

이에 방현령이 대답하였다.

"세상이 아직 개화되기 이전의 초창기에는 뭇 영웅들이 나란히 들고 일어나 힘을 서로 겨룬 뒤라야 상대를 신하로 삼을 수 있기 때문에 창업이 어렵습니다."

그러나 위징은 그와 반대로 말했다.

"예로부터 제왕은 누구나 어려움 속에서 천하를 얻고 안일함에서 천하를 잃었습니다. 그러므로 수성이 더 어렵습니다."

이 두 사람의 대답을 들은 후 당 태종은 다음과 같이 결론지었다.

"방현령은 나와 함께 천하를 취할 때 백사일생白死一生으로 살아남았기 때문에 창업의 어려움을 알고 있는 것이오. 또 위징은 천하를 평정한 뒤 나와 함께 천하를 안정시키면서 교만과 사치는 부귀에서 생기고, 참화와 혼란은 소홀함에서 발생한다는 것을 늘 걱정했기 때문에 수성의 어려움을 알고 있는 것이오. 이제 창업의 어려움은 지나간 일이고, 당면한 수성의 어려움은 바야흐로 여러 공들과 함께 신중이 대처해 나가야 할 것이오."

　이와 같은 당 태종의 일화에서 탄생한 것이 바로 '창업하기는 쉬워도 이룬 것을 지키기는 어렵다 創業易守成難'는 구절이다. 기업 창업도 이와 마찬가지이다. 심지어 최근에는 온라인을 이용해 누구나 손쉽게 법인기업을 창업할 수도 있다. 하지만 창업은 시작일 뿐 결코 사업의 목적이 될 수 없다.

　기술창업기업의 창업자들과 인터뷰를 진행하다 보면, 기술창업기업 역시 기업이라는 사실을 망각하고 있는 창업자들을 자주 발견하곤 한다. 당장의 생존을 위해 단기적인 실적에만 집중하다 보니 기업과 사업의 본질에 대해 고민할 여유가 없었을 것이다.

　하지만 기업 경영의 본질은 공급 과정과 의사결정으로 구성된 경영 프로세스이며, 이것은 대기업뿐만 아니라 기술창업기업에도 공통적으로 적용된다. 따라서 생존을 위해 기술창업기업 경영자들은 경영 프로세스를 대기업의 수준은 아니더라도 개별 기업에 적합하게 체계화하고 합리화할 필요가 있다. 또한 창업자들이 기업의 본질을 이해함으로써 기술창업기업의 성공과 실패(소멸)의 원인 모두 창업자 자신에게 있다는 점을 분명히 이해하기를 바란다.

**차례**

**PART 1**

# 그때 알았다면 좋았을
# 경영 불변의 법칙

PART 2

# 끝까지 살아남는
# 기업의 성공 전략

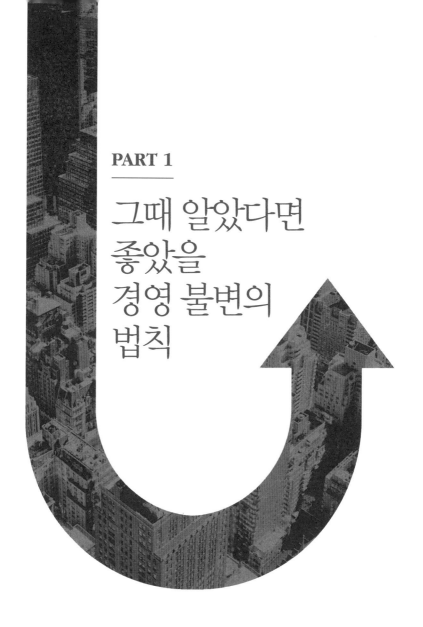

**PART 1**

그때 알았다면
좋았을
경영 불변의
법칙

"행복한 가정은 모두 모습이 비슷하고,
　불행한 가정은 모두 제각각의 불행을 안고 산다."

『안나 카레니나』, 레프 니콜라예비치 톨스토이|Lev Nikolayevich Tolstoy

# 기술은
## 스타트를 결정할 뿐이다

|

2012년 4월, 구글 Google 은 일상에 증강현실 AR 을 접목한 구글 글래스를 세상에 선보였다. 음악 감상과 동영상 촬영, 내비게이션 등 다양한 기능을 갖춘 이 혁기적인 제품이 등장하자 〈타임스 The Times〉는 올해 최고의 발명품으로 선정하였다. 영국의 찰스 Charles Windsor 황태자를 비롯한 유명 인사들이 구글 글래스를 착용하고 대중들 앞에 섰으며, 뉴욕 패션 주간에는 유명 모델들이 패션쇼에 선보이기도 하였다.5 하지만 그로부터 5년이 지난 2017년까지도 구글 글래스는 상용화되지 못하고 있다.

위그선의 혁신적인 기능을 갖춘 웨어러블 wearable 기기인 구글 글래스는 불안전한 제품 완성도와 사생활 침해 이슈로 인해 개발자와 소비자 모두에게 외면을 받고 말았다. 제아무리 뛰어난 기술을 보유하고 있더라도 완성도가 낮고 진정으로 소비자를 만족시키지 못한 제품은 실패할 수밖에 없다.

혁신적이고 획기적인 기술을 사업화하려는 시도는 개인적·사회적인 측면에서 건전하고 바람직한 일이다. 하지만 기술의 상용화, 즉 기술 사업화는 결코 쉬운 일이 아니다. 전 세계 IT 업계 최고의 두뇌들이 모여 있다는 구글조차도 예외가 될 수 없었다.

비즈니스는 장기적인 관점에서 그 승패가 결정된다. 혁신적이고 뛰어난 기술은 경쟁자들에 비해 빠른 출발을 보장해 줄 수는 있어도, 결코 42.195km라는 장거리 완주능력을 보장해 주지는 못한다. 요컨대 기업의 목표는 1등으로 출발하는 것이 아니라 1등으로 결승선을 통과하는 것이다.

특히 이공계 출신 창업자의 경우, 기술을 맹신하거나 기술에 절대적으로 의존하는 실책을 범하기 쉽다. 자신이 직접 개발한 기술을 사업화하면서 기술에 대한 애착이 강해지게 되면 오로지 기술개발과 성능 향상에만 기업의 역량을 집중시키는 함정에 빠지게 된다. 이런 경우 시장과 고객에 대한 이해가 부족해지기 쉽고, 경영 프로세스가 제대로 확립되지 못한다. 또한 전반적인 관리 역량의 부족으로 인해 사업이 실패하게 되면 결국 기업의 존립에도 영향을 끼치게 된다.

## 기술의 상용화 없이 기술창업기업도 없다

2005년, 노무현 정부는 위그선<sup>WIG Ship</sup>을 대형 국가 R&D 실용화 사업으로 선정하였다. 위그선은 수면에서 1~5m 정도 공중에서 부양한 상태로 이동하는 선박을 말한다. 이는 비행체가 수면에 근접해서 운항하면 수면과 비행체 사이의 공기 밀도가 증가하면서 날개에 발생하는 와류가 감소하는 위그 효과<sup>Wing-In-Ground effect</sup>를 응용한 기술이다. 위그선과 수면 사이의 고밀도 공기층이 일종의 쿠션 역할을 해 날개에 발생하는 와류를 감소시키는데, 이로 인해 기존 선박이나 항공기에 비해 적은 연료를 소모하고도 빠른 속도를 유지할 수 있다.

본격적인 사업화를 위해 2007년 한국해양연구원 출신 연구원 13명이 주축이 되어 A사가 설립되었다. A사는 대한민국 최고의 기술 인력들과 정부, 지자체 및 민간의 투자자금, 정부 R&D 자금까지 총 500억 원에 이르는 개발자금을 기반으로 세계 최초로 중대형 위그선의 상용화에 도전하였다.

최초의 도전이었던 만큼 A사는 개발 과정에서 다양한 시행착오를 경험하였다. 한때 개발계획이 지연되기도 했지만 개발진의 끈기와 노력으로 2011년 50인승 중대형 위그선을 제작하여 드디어 이수<sup>離水</sup>하는 데 성공하였다. 하지만 2012년 시운전 중 시제기에 화재가 발생하면서 상용화가 지연되었고, 이에 따라 외부 투자를 받는 데 차질을 빚기도 했다. 우여곡절 끝에 2013년 외부 투자가 결정되면서 A사는 시제기를 수리하여 드디어 시운전에 성공하였다. A사의 위그선이 여객선박으로서 운항하기 위해서는 국제 선급으로부터 선체·안전 인증과 위그선이 이착수할 계류장을 확보하는 것만 남은 상황이었다. 특히 시운전 과정에서 화재가 발생한 데 이어 타사가 개발하던 소형 위그선에서 인명사고가 났던 터라 규제가 강화되어 국제 선급으로부터 인증을 받는 것이 가장 큰 숙제로 다가왔다.

2013년, A사가 개발한 위그선은 고성능 레이더, 전방의 선박이나 해상물체를 감시하기 위한 자동식별장치, 안개나 야간 운항에 대비한 적외선 감시장비를 갖추고 있어 영국 로이드선급<sup>Lloyd's Resister</sup>으로부터 선체인증을 무난하게 받았다. 로이드선급으로부터 안전인증만 획득하면 국내뿐만 아니라 말레이시아, 인도네시아 등에 수출이 가능한 상황이었다. 하지만 개발비가 부족해 중고 엔진을 사용한 것이 안전인증의 걸림돌이 되면서 결국 로이드선급으로부터 최종 안전인증을 획득하지 못하였다.

안전인증에 필요한 신규 엔진 교체비용과 계류장 시설비를 조달하기 위해 A사는 대기업과 지자체에 추가 투자를 요청하였으나, 안전성에 대한 불신과 규제강화로 인해 자금조달에 실패하고 말았다. 개발에 필요한 대규모 자금을 한꺼번에 투자받을 경우 경영권이 투자자에게 넘어갈 것을 우려한 A사 창업자는 개발 단계별로 자금을 조달하려는 계획을 추진하였다. 즉 시제기를 개발하여 투자자들에게 시연함으로써 선체인증, 안전인증, 계류장 건설, 양산 등에 필요한 추가 자금을 확보할 계획이었다. 하지만 투자자들은 투자의 선행 조건으로 오히려 안전인증을 요구하고 나섰다. 결국 투자금 조달 실패로 인해 상용화가 지연되면서 임금 체불, 가압류, 공장 경매 등의 심각한 문제가 연쇄적으로 발생하였고, 이로 인해 A사는 2015년 사업을 포기하였다.

A사가 개발에 도전한 50인승의 중대형 위그선은 이전까지 상용화가 된 적이 없는 혁신적인 기술로, 상용화에 성공한다면 분명 기존의 선박과 항공기에 비해 경쟁력이 우수한 킬러 애플리케이션killer application 6(등장 이후 타 제품을 누르고 시장을 장악할 정도의 상품 혹은 서비스)이다. 선박을 이용할 경우 부산에서 일본까지 3시간 이상 소요되던 운행 시간을 위그선은 1시간 30분으로 단축시킬 수 있다. 또한 위그 효과로 연료 소모량이 줄어들기 때문에 선박이나 항공기에 비해 운행 경비가 절감된다. 물론 이 모든 장점들은 상용화에 성공했을 때를 전제로 하고 있다.

A사의 개발진들은 다년간의 위그선 관련 연구개발을 통해 기술에 대한 자신감이 있었고, 정부에서 국책과제로 사업화를 지원

하는 우호적인 상황을 최대한 활용하였다. 그리고 시제기 개발에 성공했을 때만 해도 그들은 성공이 눈앞에 있다고 생각했을지 모른다.

그러나 기술은 사업이라는 마라톤의 출발선이지 결승선이 아니라는 점을 인식하지 못했다. 위그선의 상업적 운행을 위해서는 국제 선급사로부터 안전인증이 필수인데, A사는 이를 충족시킬 수 있는 진정한 '기술'이 부족했다. 즉 개발된 기술의 완성도를 향상시켜 상용화로 연결시켜주는 이른바 제품기술을 보유하지 못한 것이다.

제품기술은 생산된 물건의 성능 및 품질을 고객이 요구하는 수준으로 완성시키는 기술로, 물건을 제품으로 변환하여 가치를 향상시키는 것이 핵심이다. 다양한 물건들을 공장에서 대량으로 생산할 수는 있지만 판매를 위해서는 고객들의 요구 수준을 충족시킬 수 있는 제품을 개발하는 것이 중요하다. 일반적으로 대기업에서는 품질기능전개<sup>QFD7</sup> 기법을 활용해서 제품기술을 확보하고 있으나, 인프라가 부족한 기술창업기업은 그렇지 못한 경우가 많다.

기업에 있어 기술개발의 중요성은 누구나 인정하지만, 기술만 훌륭하다고 해서 기업이 성공하는 것은 아니다. 누구나 알고, 인정하는 이 간단한 논리를 실제로는 간과하는 일이 종종 벌어지고 있다. 특히 교수, 연구원 등 엔지니어 출신의 창업자 중에는 자신이 자신 있어 하는 기술개발에만 집중하는 경향이 있다. 기업은 창업 동아리가 아니다. 기업의 생존을 위해서는 고객을 창출하고 만족시킬 수 있는 진정한 기술이 필요할 뿐이다. 창업자들은 이 점을 유념해서 상용화에 필요한 제품기술 확보 전략에 지혜를 모아야 할 것이다.

# 품질기능전개 Quality Function Deployment

과거 필자가 근무했던 삼성디스플레이(구 삼성전자 LCD 총괄)에는 영업, 마케팅, 품질, 개발, 제조 부서 등과 협업을 진행하는 '제품기획팀'이 있었다. 이들은 고객의 요구사항을 반영한 신제품을 기획, 양산하기 위해 타 부서와 협업하는 과정에서 품질기능전개QFD 기법을 가장 보편적으로 활용했다.

품질기능전개는 제품이나 서비스의 기획, 제조(생산) 및 판매 전 단계에 걸쳐 고객의 요구가 충실히 반영되도록 하여 고객의 만족도를 극대화하는 품질경영기법 중 하나이다. 품질기능전개의 핵심은 고객의 요구사항을 제품의 기술 특성으로 변환하고, 이를 다시 부품 특성과 공정 특성, 최종적으로 제조 공정에서 구체적인 사양과 활동으로까지 변환하는 것이다. 품질기능전개를 통해 기업은 제품 혹은 서비스의 품질quality, 원가cost, 납기time를 효과적으로 관리할 수 있는데, 이를 위해서는 신상품 개발 초기 단계부터 영업, 마케팅, 개발 및 제조 부서가 서로 밀접하게 협력해야 한다.

품질기능전개의 구조는 '품질의 집House of Quality'이라는 매트릭스matrix에 기초를 두고 있다. 품질의 집은 고객이 요구하는 것이 '무엇'인지, 고객의 요구를 충족시키기 위해서 제품과 서비스를 '어떻게' 설계하고 생산할 것인지, 즉 목적과 수단을 서로 관련시켜 나타내주는 행렬 형태의 도표이다. 기술, 부품, 공정 및 생산 계획 등 각 단계별 도표를 연결시킴으로써 품질의 집이 완성된다. 이렇게 하여 '고객의 소리를 최종 제품으로'라는 품질기능전개의 목적이 달성될 수 있다.

# 투자자와의
# 분쟁 리스크에 대비하라

|

1453년 오스만제국이 아시아와 유럽을 연결하는 육상 무역로의 요충지였던 콘스탄티노플을 점령하자 유럽은 새로운 무역로를 개척하기 시작하였다. 마침 유럽에서 장거리 항해기술이 발달하자 포르투갈, 에스파냐를 필두로 바닷길을 통한 해상무역이 번성하였다. 하지만 오랜 기간 항해하는 데 필요한 대규모의 무역선, 선원, 보급품 등을 마련하기 위해서는 막대한 자금이 필요했고, 항해 도중 태풍, 역병, 해상 반란 등으로 인해 투자금 회수가 불확실한 것이 가장 큰 걸림돌이었다. 이때 네덜란드 왕실과 상인들이 고안해낸 것이 바로 '주식회사'이다. 그들은 주식회사를 설립하여 불특정 다수의 투자자들로부터 투자금을 모집하였고, 이를 증명하는 '주식'을 발행하여 이익과 손실을 분산할 수 있게 되

었으며, 그에 따라 더 많은 투자금을 유치할 수 있었다. 무엇보다 주식회사를 통해 대규모의 투자금을 기반으로 리스크가 큰 사업에 계속해서 도전할 수 있었다.

주식회사는 본질적으로 주식을 발행하고 이를 소유하는 주주가 회사의 주인이 된다. 매우 간단한 개념처럼 이해되지만, 투자를 유치하는 창업자가 이를 정확하게 인지하지 못하면 예상치도 못한 시련을 겪을 수 있다. 특히 기술창업기업 같은 비상장 회사의 투자자는 손실에 대한 리스크가 크기 때문에 이를 피할 수 있는 모종의 장치를 취하거나 소위 '먹튀'를 감행할 가능성이 있다.

그 대표적인 사례가 1999년 한국 최초의 소셜 네트워크 서비스SNS를 표방하며 혜성같이 나타났다가 사라진 아이러브스쿨이다. 아이러브스쿨의 창업자 김영삼 씨는 경영권 변동에 대한 이해와 대비 없이 지분을 투자자에게 매각했다가 법적 분쟁에 휘말리게 되었고, 이후 세금 연체로 신용불량자가 되기도 하였다.[8] 즉 투자유치에만 집중했을 뿐 그 이후에 벌어질 수 있는 상황에 대한 대응책을 마련하지 못한 것이다. 기술창업기업의 경우 창업자가 지분 변동과 관련한 경영 지식과 경험이 부족하기 때문에 이처럼 투자 시장에서 '호구'로 전락하는 경우가 심심치 않게 발생한다.

투자자인 주주와 기업의 창업자는 기업을 바라보는 관점이 다르기 때문에 그로 인한 갈등은 늘 상존한다. 따라서 창업자는 그런 갈등을 조정하고 관리해야 할 필요가 있다. 물론 이런 고민을 사전에 차단하기 위해 외부 투자를 받지 않을 수도 있지만, 자체 자금만으로는 기업이 성장하는 데 한계가 있다. 투자자와의 분쟁이 어떤 위험을 초래할 수 있는지 다음 B사를 통해 확인해보자.

## 투자유치는 양날의 검

정부출연연구원 출신인 K는 재직 동안 연구했던 전자소재 관련 개발물을 실용화하기 위해 2002년 B사를 창업하였다. 도전볼conductive ball(기판과 반도체를 접속시키는 이방성 도전 필름에서 기판과 반도체 전극 사이에 전류를 흐르게 해 주는 핵심 전자소재) 개발에는 상당한 시간과 자본이 필요하기 때문에 K는 제품개발에 필요한 기간을 3년으로 계획하고, 3년 동안 안정적으로 기술개발에 집중하기 위해 초기 자본금 8억 원을 확보하였다. B사의 창업자 K와 기술 인력들은 관련 분야 전문가 출신으로 과거 다수의 R&D를 진행한 경험이 있었고, 개발자금도 충분하여 제품개발은 계획대로 진행되었다. 이런 점을 기반으로 B사는 2005년 다수의 투자자들로부터 양산에 필요한 자금 10억 원을 유치하는 데 성공하였고, 이 자금을 활용하여 2007년 제품 양산을 위한 공장을 건립하였다.

B사는 2007년 공장이 완공되자 2008년부터는 본격적인 제품 양산을 준비하고 있었다. 하지만 시장 상황은 B사에게 불리하게 돌아가고 있었다. 그 당시 도전볼은 일본 기업들이 독점하다시피 하고 있었는데, B사가 시장에 참여한다는 소식을 접한 일본 기업들이 국내 공급가격을 50%로 인하한 것이다. 과거 시장을 독점했던 일본 기업들은 고수익을 누리고 있었고, 다년간 축적된 자본을 바탕으로 이른바 '치킨게임'을 시작하였다. 하지만 B사는 사업계획 당시 이런 상황을 전혀 준비하지 못했다. 예상치 못한 일본 기업들의 가격 인하 전략으로 인해 B사는 계획했던 원가를 수정해야 했고, 이에 따라 공정 조건을 새로 잡아야 하는 상황에 직면했다. 즉 양산 시기가 지연된 것이다. 시장 내 후발 주자인 B사로서는 인하된 공급 가격을 맞추기 위해 추가적인 개발이 시급해졌다.

그런데 정작 문제는 투자계약서에서 발생했다. 2005년 외부 투자를 유치할 당시 B사는 투자자들에게 2007년 공장 설립, 2008년 수익 발생을 약속했다. 그리고 이를 보장하기 위해 투자계약서에 투자 3년 후부터 일정 수익을 보장한다는 조항을 넣었다. 대규모의 외부 투자를 손쉽게 유치하기 위해 투자자들에게 수익 보장을 약속했던 것이 실수였다. 투자계약서와 달리 2008

년에 수익이 발생하지 않자 투자자들은 계약 위반으로 B사에게 위약금을 요구하였다. B사가 위약금 지급을 거부하자, 이에 불만을 품은 투자자들이 B사 공장에 가압류를 신청하였고, 자신들의 투자금을 회수하기 위해 공장을 강제 경매하였다. 이로 인해 정상적인 생산활동이 중단되면서 B사는 사업을 접을 수밖에 없었다.

자체 자금만으로 기업을 성장시키는 데에 한계가 있기 때문에 기업은 외부 투자를 선택하게 된다. 반면에 투자자들은 기업 성장이 아니라 수익을 목적으로 기업에 투자한다. 옛말에 '의리의 유무는 따지지 않고 이해관계에만 관심을 가진다惟利是視'고 했다. 투자자는 기업을 돕기 위한 순수한 의리가 아니라 자신의 이익을 위해 기업에 투자한다. 따라서 투자유치 시 경영자는 투자자의 입장을 충분히 고려하여 투자유치 여부를 판단해야 한다.

특히 경험이 부족한 기술창업기업의 경우 아이러브스쿨처럼 돈이 급한 나머지 과도한 지분을 매각하여 경영권을 방어하지 못하거나, B사처럼 독소 조항이 포함된 투자계약서를 작성하는 치명적인 실수를 하기 쉽다. 따라서 투자 판에서 자신이 '호구'인지 '타짜'인지 분명히 구분할 수 있는 단계가 되었을 때 투자 판에 뛰어들어야 한다.

# 투자유치 시 유의사항

일반적으로 외부 투자자들로부터 자금유치에만 몰입하다 성급하게 계약을 한 후 잘못된 내용을 뒤늦게 발견하여 후회하는 경우가 많다. 이런 경우 단순히 후회로 끝나는 것이 아니라 이로 인해 기업의 존립에 문제가 발생하기 때문에 투자유치 시 에는 급할수록 돌다리도 두드려보고 건너는 신중한 결정을 해야 한다.

투자유치와 관련한 도움이 될 만한 몇 가지 팁을 제시하고자 한다.

① 시간을 가진 자가 승리한다. 아무리 좋은 기술과 서비스를 확보하고 있더라도 시간이 부족하면 투자자가 제시하는 불공정한 조건을 수용해야 하는 상황에 처할 수 있다. 따라서 자금이 소진되기 최소 3개월 전부터 투자유치 활동에 나서야 한다.

② 투자계약서상 리픽싱 조건[Refixing], IPO(주식공개상장) 강제조항 여부, 풋옵션[Put Opion](시장가격에 관계없이 특정 상품을 특정 시점, 특정 가격에 매도할 수 있는 권리) 등 의 비우호적인 요건들이 발생할 수 있는 조건들을 면밀히 검토해야 한다.

③ 투자자들도 경쟁한다. 기업의 가치를 객관적이고 공정하게 평가 받기 위해서 최소한 3개의 투자사와 협상을 진행하는 것이 유리하다.

④ 성공할지 실패할지 도저히 판단이 서지 않을 때 투자자들은 '잠재적 투자자'의 포지션을 갖는다. 이런 경우 투자자들은 투자 리스크가 감당하기에 너무 크다고 판단하기 때문에 투자를 보류한다. 따라서 잠재적 투자자에게 너무 많은 시간을 할애하지 말고 텀 시트[Term Sheet]●를 요구해보자. 그럼 확실한 입장 표명을

할 것이다.

⑤ 창업 초기에 너무 많은 지분을 투자자에게 발행하면 후속 투자 시 발행할 주식의 분량이 줄어들 수 있으니 각 시기별 적절한 주식 배정을 해야 한다.

⑥ IPO를 주관하는 증권거래소의 입장이 모든 투자자들에게 영향을 준다는 것을 잊지 말아야 한다. 어떤 업종의 IPO 심사기준이 엄격해지면 각각의 투자도 엄격해지고, 심사기준이 약화되면 각각의 투자기준도 약화된다. 예를 들어 헬스케어 업종에 대한 심사기준(예를 들면 순이익 요건)을 완화하거나 생략하면 IPO 가능성이 높아지기 때문에 헬스케어 업종에 대한 투자가 활발해질 수 있고, 게임업체들이 너무 많이 코스닥에 상장되어 있다고 판단되면 향후 게임업체들의 심사기준을 강화시킬 가능성이 높다.

⑦ 코스닥 시장과 코스피 시장은 성격이 다르다. 코스피 시장은 전통적으로 성장세는 빠르지는 않지만 규모와 안정성을 갖춘 기업들이 상장되는 반면에, 코스닥 시장은 성장세가 빠른 벤처기업들이 주로 상장되는 차이점이 있다. 따라서 기술창업기업이 코스닥 상장에 적합한지 검토해볼 필요가 있다.

......................................................................................................

● 계약에 필요한 세부 조건을 협의하기 위해 작성하는 약정서로 계약내용협의서 혹은 경영이행약서라고도 함.

# 사업 초기 성공을
# 경계하라

|

누구나 한번쯤 로또 1등 당첨으로 인생역전을 꿈꿔 보았을 것이다. 하지만 거액의 당첨금을 어떻게 사용하느냐에 따라 행운은 곧 불행이 되기도 한다. 2006년 로또 1등에 당첨된 한 30대 남성은 자산가로 잘 살 거라는 주변의 기대와 달리 2014년 상습절도 혐의로 실형을 선고 받았다.[9] 별다른 직업이 없던 그는 복권 당첨 이후 씀씀이가 커지고 도박과 유흥에 빠져 불과 4년 만에 당첨금을 모두 탕진하였다. 이후 유흥비를 마련하고자 등산복과 휴대폰을 상습적으로 절도하기 시작하면서 지명수배까지 받게 되었다. 결국 그는 당첨금이라는 행운을 슬기롭게 활용하지 못해 이전보다 불행한 삶을 보내게 되었다.

기업에 있어 창업 초기 성공은 로또 당첨금과 같다. 혁신기술의 사업화를 추구하는 기술창업기업이 경쟁사들에 비해 획기적인 제품과 서비스를 출시함으로써 창업 초반 반짝 인기를 얻는 경우가 있다. 하지만 이를 지속적으로 유지해야만 기업이 생존할 수 있다. 오히려 창업 초반 예상치 못했던 대박으로 인해 자만에 빠지게 된다면 곧 실패로 이어질 가능성이 크다. 이런 경우의 대표적인 사례로 C사를 소개하고자 한다.

## 준비되지 않은 경영자에게 행운은 불행의 씨앗

국내에 인터넷이 급속하게 보급되던 2001년, C사는 통합 메시징 시스템UMS; Unified Messaging System을 활용해 사용자 위치에 기반한 배달 주문 서비스를 제공했다. 이 서비스는 UMS를 통해 사용자가 음식 주문을 하면 시스템에서 사용자의 위치 정보를 파악하여 가장 근접한 배달업체에 전화, 팩스, 메일 등으로 주문 내역을 전달하는 것이다.

    UMS 기술은 전화와 컴퓨터를 기능적으로 통합하는 CTIComputer Telephoney Integration 기술의 일종으로, 학계에서는 널리 알려진 기술이었으나 당시에는 콜센터 외에 상용화로 성공한 사례가 없었다. C사의 창업자는 인터넷이 급속하게 보급되던 당시 UMS 기술이

사업화에 최적의 시기라는 것을 직감했다. 지금과 달리 2001년에는 배달 주문이 유선 전화로만 가능했기 때문에 그의 아이디어는 당시에 혁신적인 것으로 평가되었다. 즉 창업자의 'Time to Market' 전략이 적중한 것이다. 실제로 C사는 이 아이디어로 매일경제에서 주최한 창업경진대회에서 입상하였고, 홈페이지 회원 약 2만 명, 등록된 배달업체 약 800여 개, 대전을 비롯해 부산, 대구, 울산, 경주 등에 대리점을 확보하는 등 사업 초기 승승장구하였다.

지방 소도시에 위치한 기업이 이례적으로 전국 규모의 창업경진대회에서 입상하자 각종 매스컴에서 앞다투어 보도하기 시작했고, C사는 지역 사회에서 자연스럽게 스타 기업이 되었다. C사는 지방 소재 기업의 약점을 역이용하여 홍보력과 영업력이 부족한 지방의 소규모 동네 음식점들을 회원사로 적극 유치하는 전략을 구사했다. 이에 지역의 음식점 경영주들도 동료의식을 갖고 C사를 적극적으로 후원하는 데 동참하였다.

그런데 C사가 전국적인 인지도를 확보하게 되면서 규모를 확대하기 위해 대기업 프랜차이즈를 회원사로 유치하면서 문제가 발생하였다. C사는 대기업 회원사에는 수수료를 인하하고 동네 음식점들에게는 오히려 수수료를 인상하는 정책을 도입했다. 이에 수수료 차별 정책으로 불만을 품은 동네 음식점들이 점차 서비스 계약을 해지하기 시작했다. 회원사 감소는 곧 서비스 질의 저하로 이어져 개인 고객의 이용률도 점차 감소하였다. 또한 콘텐츠 업그레이드를 소홀히 하여 고객들이 이탈하였으며, 과금 체계가 인터넷뿐만 아니라 우편 발송, 유선 연락 등 복잡한 단계를 취하고 있어 수수료 취득에 어려움이 발생하였다. 이로 인해 수익성이 지속적으로 감소하자, C사는 설립 2년이 지난 2003년 사업을 접게 되었다.

C사는 2010년 서비스를 시작한 배달통에 비해 9년이나 먼저 온라인 배달 주문 서비스를 선보였다. 사업 초기에는 인터넷 보급과 함께 소비자들의 요구를 충족시켜 성공적인 출발을 알렸다. 하지만 창업자가 주변의 지나친 찬사와 기대로 인해 섣부르게 성공했다는 자만심에 빠졌고, 과거 성공의 원동력이었던 지역 사회의 동네 음식점들을 무시하는 실책을 범했다. 이로 인해 충성도 높은 파트너들을 잃었고, 회사의 인지도 또한 급락하고 말았다.

예상보다 조기에 사업이 안정화되는 것은 큰 행운이다. 하지만 이 행운이 자신의 능력만으로 이루어진 것이라고 생각하는 순간, 자만심으로 인해 성공의 핵심 요소를 소홀히 하고 합리적인 판단을 그르칠 수 있다.

황덕길의 『하려집』에 '내 몫이 아닌 기쁜 일이나 실제보다 넘치는 영예를 사람들은 행운이라 하지만, 군자는 불행이라고 한다

非分之喜 過實之榮 人皆曰幸 君子惟曰不幸'는 문구가 있다. 창업 초기에 소비자와 투자자들로부터 기술(아이디어)의 우수성을 인정 받아 사업을 시작한다는 것은 창업자에게는 분명 행운이다. 하지만 경영자로서 준비가 부족한 창업자에게는 그 행운이 오히려 불행이 될 수 있다는 사실을 명심해야 한다.

# 흑자도산을 부르는
# 위험한 비즈니스 모델

|

1940년 서부전선에서 독일이 승리하자 이를 계기로 이탈리아는 연합군에 선전포고 후 영국령 이집트를 공격하였다. 하지만 영국군의 대대적인 반격으로 오히려 자신들의 식민지였던 리비아의 트리폴리까지 함락될 위기에 처하고 말았다. 북아프리카전선이 다급해지자 무솔리니<sup>Benito Mussolini</sup>는 히틀러<sup>Adolf Hitler</sup>에게 지원을 요청했고, 1942년 2월 서부전선에서 진격전으로 무훈을 세운 롬멜<sup>Erwin Johannes Eugen Rommel</sup>을 북아프리카전선에 투입했다.

롬멜은 아프리카 도착 후 영국군 점령지 상공을 정찰하기 시작했다. 정찰을 통해 그는 영국군이 이탈리아군을 추격하는 데만 집중되어 있을 뿐 조직적인 전투가 불가능하다는 점을 파악했다. 영국군의 약점 파악이 끝나자 그는 독일군에게 기습공격을 준비

시켰다. 하지만 기습공격을 감행하기에는 병력과 전차가 부족한 상태였다. 아직 독일 본국으로부터 수송선이 도착하지 못한 것이다. 이런 악조건을 극복하고자 그는 트럭과 경차량에 나무판자를 덧대어 급조한 '위장 전차'를 영국군 정찰기에 일부러 노출시켜 적을 교란시켰다. 또한 대대적인 기습작전과 함께 영국군 전차를 유인한 뒤 88㎜ 대공포로 섬멸하는 등 영국군을 혼란케 만들어 전세를 뒤집는 데 성공하였다.

하지만 독일군은 진격을 할 때마다 연료와 탄약이 크게 부족한 상황이었다. 당시 이탈리아군은 독일군의 두 배인 6~7개 사단이었음에도 불구하고 보급 차량은 독일군의 절반도 되지 않았고, 성능까지 나빠 고장나기 일쑤였다. 더구나 독일군조차도 필요한 보급 차량의 절반밖에는 없었다. 진격을 하면 할수록 보급은 점점 더 어려워졌고, 결국 후퇴의 원인이 되었다. 롬멜이 보급에 강하게 불만을 제기하자 독일군 지휘부는 이를 받아들여 대소련전으로 병력과 물자가 소모되어 가는 마당에도 북아프리카 군단에게 보급품을 보내주었고, 적어도 1942년 중반까지는 전투에 필요한 최소량의 보급품을 조달받을 수 있었다. 그러나 독일의 암호를 해독하기 시작한 영국이 지중해에서 독일 보급선을 공격하여 대다수의 물자들을 수장시킨 데다가, 비효율적인 이탈리아군의 보급 문제, 해안가의 취약한 보급로 때문에 롬멜이 요구하는 물자는 제시간에 도착할 수 없었다. 결국 1943년 튀니지전선으로의 퇴각과 동시에 궁지에 몰리면서 북아프리카 군단은 끝이 났고, 그해 3월 롬멜은 독일 본국으로 소환되었다.

뛰어난 지략과 용맹함으로 영국군을 수세로 몰게 한 롬멜조차 보급이 원활하지 못해 북아프리카에서 패전을 맛봐야 했다. 전쟁을 수행하기 위한 물자가 부족하게 되면 전투력은 자연스럽게 감소할 수밖에 없다. 이와 같은 원리로 안정적인 판매처를 확보하여 매출이 급증하더라도 그에 비례하여 자금이 공급되지 않는다면 기업 또한 실패할 수밖에 없다. 특히 기술창업기업의 경우 매출액 성장에만 매달려 필요한 자금이 적기에 공급되지 못하는 경우가 종종 발생한다.

비즈니스 모델 구조상 투자금의 회수가 장기화되었던 D사의 사례를 통해 이를 구체적으로 알아보자.


## 그림 속의 현금

1996년 설립된 D사는 미국 코닥사의 X-선 영상필름을 수입하여 국내 병·의원들에게 공급하면서 안정적으로 성장하고 있었다. D사에게 사업 기회가 찾아온 것은 1999년이었다. 복지부는 1999

년 11월부터 의료영상저장전송시스템Picture Archiving & Communication System에 대해 의료보험수가를 적용하기 시작하였다. 의료영상저장전송시스템은 X-선, 초음파, CT, MRI 등 각종 진단기기로 촬영한 환자의 영상 정보를 디지털화시켜 전송시키고, 의사는 이 정보를 모니터로 확인하면서 환자의 병을 진단하는 시스템이다. 현재는 거의 모든 병원에서 사용하고 있지만 국내에 본격적으로 보급되기 시작한 것이 바로 이 시기였다.

보험수가 적용 이후 의료영상저장전송시스템 시장이 성장할 것을 예상한 D사 창업자는 사업화를 추진하였다. 국내에서 이 시스템을 독자적으로 개발하는 것이 어렵다고 판단한 D사는 미국 하드웨어 제품을 수입하여 소프트웨어를 한글화하고 국내 병원 운영시스템에 연동시키는 작업을 하였다. 일종의 의료영상저장전송시스템의 시스템 통합System Integration 사업을 시작한 것이다. 이를 위해 소프트웨어 개발능력을 갖춘 12명을 채용하고 자체 기술 개발을 통해 특허를 출원하는 등 나름 기술력을 확보하였다. 무엇보다도 D사는 X-선 영상필름을 유통하면서 병·의원 60여 곳을 확보하고 있었기 때문에 초기 시장 진입에 성공할 수 있었다.

1999년 D사의 매출액은 5억 원 수준이었으나, 사업이 본격화되면서 2000년 115억 원, 2001년 130억 원으로 단기간에 비약적으로 증가하였다. 또한 1999년 4억 원의 영업손실이 있었지만,

2000년 14억 원, 2001년 21억 원의 영업이익을 기록하였다. 이런 성장 추세를 기반으로 D사는 2001년 10월 코스닥 예비심사를 신청하였다. 이제 코스닥 상장에만 성공하면 모든 것을 이룬 것으로 보였다.

하지만 현금흐름이 D사의 발목을 잡았다. D사의 영업활동 후 현금흐름은 1999년 17억 원 손실, 2000년 72억 원 손실, 2001년 120억 원 손실을 기록하였다. 즉 사업을 하면 할수록 현금이 고갈되는 상황이었다. 현금을 소날하기 위해 D사는 자본금도 일부 증자하기는 했지만 대부분의 자금을 은행 대출금과 회사채로 조달하였다. 외부에서 조달한 차입금이 1999년 15억 원, 2000년 22억 원에서 2001년 183억 원으로 급증하고 있었다. 이로 인해 이자비용 또한 1999년 8,000만 원, 2000년 1억 원, 2001년 10억 원으로 증가할 수밖에 없었다. 이를 해결하기 위해 D사는 코스닥 상장을 통해 대규모 자금을 마련하려 했던 것으로 추측된다.

D사의 현금흐름이 악화된 것은 매출채권과 함께 매출채권의 회수 기간이 급증한 데 그 원인이 있었다. 즉 거래처로부터 수금해야 할 채권은 쌓이고 있는데, 회수가 원활하게 진행되지 못하고 있었다. 2001년 D사의 장기성 매출채권 규모는 200억 원 수준에 이르렀으며 회수 기간은 166일이었다. D사는 제품 납품 후에 166일이 지난 후에야 거래처로부터 대금을 받을 수 있었다.

이런 상황에 몰리게 되면 매출액이 증가하더라도 현금이 지속적으로 고갈되기 때문에 사업을 접을 수밖에 없다.

매출액과 매출채권이 급증했는데 실패하게 된 원인은 무엇일까? 그 해답은 비즈니스 모델에 있었다. D사가 고가의 의료영상저장전송시스템 하드웨어를 구매하여 병원에 공급하면, 병원은 구입대금을 대력 5년 동안 분할하여 D사에 지불하였다. 고가의 의료영상저장전송시스템을 구입할 자금이 부족한 병원에서는 몫돈을 들이지 않고도 이를 운영하면서 안정적인 수익금이 꾸준히 발생하기 때문에 이런 대금 지불방식을 선호하였던 것이다. 결국 사업 초기에 고가의 의료영상저장전송시스템 하드웨어를 지불해야 하는 재무적 리스크를 D사가 떠안은 꼴이었다.

D사의 2000년 매출액이 116억 원, 장기성 매출채권은 0원, 차입금은 22억 원 수준이었다. 반면에 2001년 매출액은 130억 원으로 증가하였으나, 장기성 매출채권은 204억 원, 차입금은 128억 원으로 전년 대비 급증하였다. 결국 D사는 다음 〈표 1〉과 같이 2000년과 2001년 연속으로 영업활동 후 현금흐름이 대규모 적자를 기록하였고, 이에 따라 유동성에 심각한 문제가 발생하여 결국 2002년 당좌부도를 맞게 되었다.

D사의 매출채권회전율(1년 동안 기업의 매출채권이 현금으로 전환되는 횟수)은 2000년 2.0, 2001년 2.2, 매출채권회수기간(평균매출채

〈표 1〉 D사의 재무 현황

|  | 2000년 | 2001년 |
|---|---|---|
| 매출액 | 116억 원 | 130억 원 |
| 영업이익 | 14억 원 | 21억 원 |
| 장기성 매출채권 | 0원 | 204억 원 |
| 차입금 | 22억 원 | 182억 원 |
| 영업활동 후 현금흐름 | △71억 원 | △120억 원 |

권을 회수하는 데 소요되는 기간)은 2000년 183일, 2001년 166일이었다. 즉 매출 발생 후에 자금이 회수되는 데 거의 반년이 소요되었다. 이렇게 매출채권을 현금으로 회수하는 기간이 증가하게 되면 운전자금이 증가하기 때문에 기업의 자금 사정은 불량해질 수밖에 없다.

D사와 같이 고액의 자금을 일시에 투자하고 이를 소액으로 장기간에 걸쳐 회수하는 비즈니스 모델은 시한폭탄을 안고 시작하는 것과 마찬가지다. 향후 수익이 아무리 안정적이라 하더라도 손익분기점이 발생하는 시점까지 현금을 제때에 조달하지 못한다면 유동성의 위기를 피할 수 없다. 기업은 영업과 재무라는 양축이 존재하므로, 영업이 잘되어 매출이 증가한다고 해서 마냥 기뻐할 것이 아니라 영업에서의 호황을 재무적으로 어떻게 뒷받침할지 고민해야 한다. 즉 매출이 증가하게 되면 당장 지급 받지 못할 매출채권이 동시에 증가하게 된다. 결국 회계상의 영업이익

과 미래에 받을 수 있는 매출채권이 있다 하더라도 현금이 부족해져 소위 '흑자도산'이 발생하게 된다.

따라서 대규모의 자본을 확보한 대기업이 아니라면 이런 비즈니스 모델을 구사하는 것은 재무적으로 위험한 선택이다. 기업의 외형적 성장에만 급급해 사업의 재무적 리스크를 간과하고, 이에 대한 대비가 부족하다면 반드시 실패로 이어질 수밖에 없다. 즉 매출이라는 외형 성장을 위해서는 자본이라는 영양분이 제때 공급되어야 한다.

# 상품성과 흥행성,
# 두 마리의 토끼를 잡아라

|

"장고 끝에 악수 둔댔다. 감 왔으면 가는 거야!"

드라마 〈미생〉 속 오 과장으로 분했던 배우 이성민을 기억하는가. 지금이야 그를 모르는 사람이 없을 만큼 유명해졌지만, 그도 오랜 기간 무명배우로서 전전하던 때가 있었다.

대구에서 오랜 기간 연극에만 몸을 담아 연기력을 쌓았던 이성민은 서울로 올라오면서 3년만 버텨보자고 결심을 했다고 한다. 하지만 안타깝게도 그는 10년이라는 긴 시간 동안 무명배우로서 생활고에 시달리다 영화 〈밀양〉에서 송강호의 친구로 등장하여 〈부당거래〉, 〈해결사〉 등의 영화에서 조연으로 얼굴을 알리기 시작했다.

사람들에게 연기자 이성민을 각인시켰던 드라마 〈골든타임〉에서의 최인혁은 그의 부드러우면서도 단호한 연기력 덕분에, 드라마 속 인물이 제대로 그려질 수 있었다. 탄탄한 연기력이 밑바탕이 되었지만, 자신이 제대로 소화해낼 수 있는 꼭 맞는 작품을 만나는 행운 또한 따른 것이리라.

수많은 연기자와 가수들이 남모르게 피땀 흘려 노력하고 있지만 자신을 돋보이게 만드는 작품을 만나지 못해 대중들로부터 호응을 얻지 못하는 경우가 많다. 비단 연예계뿐만 아니라 비즈니스 세계에서도 대중들로부터의 선택, 흥행성을 확보하지 못하면 성공은 요원해진다.


## 늦으면 카피캣copycat이 될 뿐이다

대규모 온라인 PC 게임이 유행하던 2009년, 과학고와 카이스트 동기인 두 친구는 게임업계에서 쌓은 경험을 기반으로 E사를 창업하였다. 창업 당시는 엔씨소프트, 넥슨 등의 온라인 PC 게임업체들이 승승장구하던 시기였고, 특히 국내 게임에 대한 해외 게이머들의 인지도가 높았기 때문에 국내에서 완성도가 어느 정도 입증만 되면 중국, 태국 등에서 충분히 수익을 거둘 수 있었다.

그들은 그 당시 국내 게임업계의 대세였던 다중접속역할수행

게임MMORPG(온라인으로 연결된 다수의 사용자들이 게임 속 다양한 등장인물들의 역할을 수행하는 게임의 한 장르)을 개발하였다. 하지만 비슷한 게임이 시장에 많이 출시되고 있던 때라 생존을 위해서는 차별화 전략이 필요했다.

E사는 자극적 하드코어hardcore인 핵앤슬래시Hack & Slash(게임 캠페인을 무시하고 던전에서 몬스터들을 자르고 베는 데에만 집중하던 게이머들로 인해 시작되었으며, 최근에는 쿼터뷰 시점에서 다수의 적을 빠르게 쓰러뜨리는 전투를 강조하고 있음) 장르에 주목하였다. 특히 〈디아블로Ⅱ〉처럼 쿼터뷰 시점으로 전투가 진행되지만 〈월드 오브 워크래프트〉처럼 수백에서 수천 명의 게이머들이 하나의 필드에서 전투할 수 있는 게임을 기획하였다. 때마침 핵앤슬래시의 대표작이었던 〈디아블로Ⅱ〉가 2000년 출시된 이후 후속작이 나오지 않은 상태였기 때문에 E사는 새로운 핵앤슬래시 게임을 기다리던 게이머들에게 어필할 수 있을 것으로 판단하였다.

E사는 MMORPG 개발 경력자들을 채용하고, MMO를 안정적으로 구현하기 위해 카이스트 출신 서버 프로그래머까지 영입하여 개발진을 완성시켰다. '전원 개발, 전원 기획'이라는 모토로 개발 프로세스까지 세팅하였고, 게임의 완성도를 향상시킬 전략을 수립하였다. 그들에게 남은 것은 자금과 퍼블리싱 계약이었다. 하지만 이 또한 그리 어렵지 않았다. 창업자를 비롯한 우수한

개발진과 성공 가능성을 높이 산 투자자들의 평가에 2010년 본엔젤스벤처파트너스를 비롯하여 여섯 곳의 창업투자회사로부터 투자를 유치하였다. 또한 2시간 분량의 데모 버전만으로 2011년에는 NHN엔터테인먼트와 퍼블리싱 계약을 맺었다. 계획대로만 된다면 반드시 성공할 것으로 보였다.

하지만 그 계획을 무너뜨린 것은 바로 〈디아블로Ⅲ〉의 출시였다. 2012년 5월 전야제와 함께 패키지 상품 판매가 시작되자, 한정 소장판 판매 소식에 4,000명[10]의 게이머들이 왕십리역 인근 판매점 앞에서 노숙까지 하며 구매하는 진풍경을 연출하였다. 12년이 지났음에도 불구하고 게이머들의 높은 충성도와 중독성으로 인해 〈디아블로Ⅲ〉는 출시 하루 만에 10만 장[11] 이상이 팔리고, 국내 PC방 점유율 2위[12]로 데뷔하는 등 선풍적인 인기를 얻었다. 2012년 6월 블리자드엔터테인먼트의 발표에 따르면, 아시아 서버의 최고 동시접속자 수는 64만 명이고, 그중 43만 명은 한국 플레이어였다.

〈디아블로Ⅲ〉가 12년간의 공백을 깨고 시장에 등장하였던 2012년은 공교롭게도 E사의 개발 3년차로 1차 CBT[Closed Beta Test](게임의 정식 서비스 오픈 전 비공개로 하는 베타 테스트)가 예정된 시점이었다. 온라인 PC 게임의 경우, 막대한 개발비와 오랜 개발 기간으로 인해 예정된 출시일을 경과하게 되면 기업이 입는 피해가 막

대해질 수밖에 없다. E사 역시 지난 3년간 50억 원이 넘는 개발비를 투자하여 게임을 개발하고 있었고, 예정된 일정을 연기하는 것은 불가능한 상황이었다. 결국 1차 CBT를 감행한 결과, 〈디아블로Ⅲ〉의 아류작이라는 비난 여론을 피할 수 없었다. 이후 〈디아블로Ⅲ〉와 차별성을 강조하여 게임을 수정한 끝에 2013년 9월 2차 CBT, 2014년 4월 OBT^Open Beta Test (게임의 상용화에 앞서 마지막으로 진행하는 베타 테스트), 2014년 8월 정식 서비스를 진행하였다. 하지만 PC방 순위 17위, 포털 인기 순위 21위에 머무르고 말았다. PC방 순위 17위는 점유율 기준으로는 0.88%로 기업 운영에도 심각한 피해를 주었다. 결국 E사는 〈디아블로Ⅲ〉의 벽을 넘지 못하고 개발 인력들을 구조조정할 수밖에 없었다.

개인적 경험에 비추어 볼 때 게임업계에서 넥슨, 엔씨소프트와 같은 대기업을 제외하고 기술창업기업 수준에서 E사와 같은 개발 인력과 개발 프로세스를 갖춘 기업은 드물었다. 따라서 투자자와 배급사뿐만 아니라 필자 역시 E사는 '대박' 까지는 아니어도 최소 '중박' 은 할 것으로 예상하였다. 하지만 예상과 달리 결과는 처참한 실패로 귀결되고 말았다.

게임은 콘텐츠 개발능력이 기본이지만 근본적으로 흥행 산업이다. 연기력과 가창력이 뛰어난 연예인이라 할지라도 자신에게 어울리는 프로그램을 만나지 못하면 대중들로부터 인기를 얻을 수 없다. 즉 게임은 실력(기술)으로 대변되는 통제 영역뿐만 아니라 흥행성으로 표현되는 비통제 영역이 존재한다. E사의 경우 게임개발이라는 통제 영역은 훌륭했지만 〈디아블로Ⅲ〉 출시를 예상하지 못했고, 게이머들로부터 차별성을 인정받지 못했기 때문에 흥행성 면에서 실패한 것으로 판단된다. 영화, 드라마, 음반은 경쟁작의 출시 혹은 트렌드의 변화에 따라 시기를 조정할 수도 있지만, 중소 게임사는 이마저도 어렵기 때문에 더욱 흥행성에 의존하는 바가 크다. 일종의 '운칠기삼'이 적용되는 분야라 할 수 있다.

물론 E사는 개발 인력과 기술력을 인정 받았기 때문에 투자사와 배급사가 연결되고, 게임이 실제로 완성되어 시장에 출시될 수 있었다. 하지만 사업적 측면에서 볼 때 게이머들로부터 선택을 받기 위한 흥행 전략이 부족하였다.

우선 〈디아블로Ⅱ〉의 후속작이 출시되지 않고 있다는 점을 공략하기 위해서는 〈디아블로Ⅲ〉의 개발 상황에 대해 면밀히 주시하고 그에 상응하는 대응책이 필요했지만, 오히려 E사는 최대 경쟁사의 개발정보를 심각하게 고려하지 않았다. E사의 판단과 달리 〈디아블로 Ⅲ〉의 데모버전은 2008년 6월 파리에서 개최된 월드와이드 인비테이셔널[13]에서 이미 공개가 되어 출시가 임박하다는 소문이 돌았다. 2008년 이후 블리자드엔터테인먼트에서는 다양한 게임 캐릭터들의 스크린샷을 공개하였고, 2011년 9월에는 CBT를 시작하면서 2012년에 출시를 공식화하였다. 원래 E사는 2013년 게임을 출시하려고 했으나 개발이 1년 지연되면서 〈디아블로Ⅲ〉보다 2년 늦게 정식 출시되면서 타이밍을 놓쳤다.

또한 〈디아블로Ⅱ〉를 대체할 한국형 핵앤슬래시 게임으로 출발하였기 때문에 〈디아블로Ⅲ〉와 유사성을 인정하더라도, 〈디아블로Ⅲ〉에서 불만족했던 게이머들로부터도 대안적 선택을 받지 못했다. 즉 같은 게임 장르에서 1등이 제공하지 못하는 서비스를 게이머들에게 제공함으로써 2등으로서 자리매김을 할 수 있었다면 '중박'은 했을지 모른다. 하지만 게이머들로부터 〈디아블로Ⅲ〉와 너무나 흡사하다는 평가와 함께 '김치블로'라는 별명을 얻기까지 하였다. 히트작에 익숙해진 게이머들에게 차별적이고 독특한 콘텐츠를 서비스하지 못했기 때문에 아류작이라는 오명과 함께 외면 받게 되었다. 결국 E사는 흥행에 성공하기 위한 포인트를 정확하게 파악하지 못했다.

한번 실수는 병가의 상사라 했던가. 흥미로운 사실은, 게이머들의 요구를 적절하게 반영하지 못하고 출시 시기를 놓쳐 첫 번째 게임에 실패했던 E사가 그로부터 배운 교훈을 기반으로 3년 후에 '대박' 게임을 개발했다는 것이다. 정식 출시 전 베타 버전 형태로 출시됐음에도 불구하고 이 게임은 출시 15주 만에 500만장을 판매하며 누적 매출 1억 달러를 돌파하는 기염을 토했다.

게이머들이 원하는 고사양 게임을 개발하는 동안 게이머들의 트렌드는 변할 수 있다. 따라서 E사는 개발 기간을 2년 이내로 마치고 시시각각 변화하는 게이머들의 취향을 맞출 수 있는 '얼리 액세스early access(CBT에 참여하는 게이머들이 유로로 서비스에 참여하는 형태로, 게이머들이 게임개발 과정에 직접 참여하고 투자까지 할 수 있음)' 전략을 구사하였다. 그들은 베타 테스트 단계에서 게이머들의 요구사항을 반영하여 게임을 최종 완성시켰고, 결과적으로 게이머들의 만족도와 충성도를 향상시킬 수 있었다. 개발 과정에서 게이머들의 적극적인 참여를 유도함으로써 일종의 '린 스타트업'의 MVPMinimum Viable Product의 완성도를 높인 전략으로 판단된다.

가치와 고객을 창출한다는 사업의 본질적 측면에서 볼 때 게임산업뿐만 아니라 다른 모든 산업에도 흥행성은 성공의 중요한 열쇠라고 생각된다. 결국 기업은 자신이 속한 산업 특성에 적합한 마케팅 전략을 추진함으로써 고객들로부터의 선택, 즉 흥행에 성공해야 한다. 그리고 마케팅 전략의 핵심은 제품/상품의 기획, 개발 단계에서부터 고객들의 참여를 이끌 수 있는 방향으로 진화하고 있다.

# 오스본 증후군과
# 성장통

|

오스본 컴퓨터는 1981년 6월, 5인치 스크린, 두 개의 플로피 디스크를 장착한 본체 및 키보드를 휴대할 수 있는 오스본 I을 시장에 출시하였다. 1980년대 휴대용 컴퓨터에 대한 소비자 욕구를 반영한 오스본 I은 노트북의 원조 상품이라 할 수 있다.

출시 당시 번들로 제공된 베이직 프로그램 언어, 마이크로프로의 워드스타, 슈퍼칼 스프레드시트와 같은 번들 소프트웨어만 해도 2,000달러 수준이었으나 1,795달러에 판매한 덕분에 오스본 I은 큰 성공을 거두었다. 출시 첫해 판매량은 8,000대 수준이었으나, 1982년 11만 대로 급증하여 생산량이 주문량을 따라가지 못할 정도였다. 창업 2년 만에 매출액 1억 달러를 달성하며 승승장구하던 오스본 컴퓨터. 하지만 오스본 컴퓨터는 창업 3년을 넘기

지 못하고 1983년 9월 갑작스럽게 파산하고 말았다.

오스본 I의 대박으로 주문이 폭주하자, 오스본 컴퓨터 내부에는 여러 가지 문제가 발생하기 시작하였다. 생산능력을 초과한 제품 생산으로 인해 품질이 저하되고, 불량 제품이 급증하기 시작하였다. 여기에 재고관리가 제대로 이루어지지 않아 매출은 증가하나 이익률은 정체를 보이기 시작하였다. 또한 엄청난 주문량으로 인해 직원들의 피로도가 급격하게 상승하자 대규모의 직원들이 이직하였다. 즉 기업의 외형적 성장에 비해 내부 관리능력이 턱없이 부족했던 것이다. 오스본 컴퓨터의 파산 이후 설립자 아담 오스본은 "갑자기 회사 규모가 엄청나게 커져 버렸다. 신생 기업의 주먹구구식 경영으로는 도저히 안 된다는 것을 알았다."고 인터뷰한 바 있다.[14] 이처럼 기업이 급속하게 성장하다가 갑자기 쇠락해버리는 현상을 '오스본 증후군'[15]이라고 한다.

오스본 증후군은 기업이 급속하게 성장하는 과정에서 겪게 되는 일종의 성장통이라고 할 수 있다. 인간은 오직 성장기에만 성장통을 경험하지만, 기업은 지속적으로 성장해야 생존할 수 있기 때문에 성장통에서 자유로울 수 없다. 요컨대 환절기에 독감 인플루엔자가 유행하듯이 기업의 외형이 증가하는 시기라면 언제든 성장통이 찾아올 수 있다.

이와 관련하여 호재로 인해 이른바 대박이 나서 매출액이 단기

간 급증하였으나 관리 부족으로 인해 이전보다 기업의 경쟁력이
약화된 F사를 살펴보자.


## 기업에겐 치명적일 수 있는 성장통

1977년부터 콘크리트 블록 사업을 시작한 F사는 지자체, 학교,
공공기관 등이 발주한 공공사업에만 참여한 기업으로 매출액 규
모는 작았지만 비교적 건실하게 사업을 영위하고 있었다. F사의
창업자는 장기간 사업체를 운영하고 있었기 때문에 업계에서 원
로로 인정 받고 있었다. 이런 이유로 그는 2007년 한 지방의 콘크
리트공업협동조합장으로 추대되었다.

　지역 콘크리트공업협동조합의 책임자로서 대외활동을 펼치면
서 그는 자연스럽게 정부의 대형 SOC사업에 대한 정보를 접할
수 있었다. 바로 '4대강 살리기 사업'이었다. 4대강 살리기 사업
은 이명박 정부가 추진한 대하천 정비사업으로 2008년 12월부터
2012년 4월까지 총 22조 원의 예산이 투입되었다.[16] 2008년은 미
국발 서브프라임 모기지 사태로 인해 경제가 침체되어 있던 시기
로 이를 극복하기 위한 재정 정책으로 정부는 4대강 살리기 사업
에 예산을 집중하였다. 이 시기 토목건설 업계는 호시절을 즐길

수 있었다.

　F사 경영자는 4대강 사업이 자신의 사업을 확장하는 데 있어 절호의 기회라고 판단하였다. 그리고 이에 편승할 수 있는 사업 아이템으로 '호안護岸 블록'을 출시하였다. 호안 블록은 하천의 비탈면(언덕)이 강물에 쓸려나가지 않도록 보호하는 콘크리트 블록으로, 하천 정비를 위해서는 반드시 필요한 제품이었다. F사는 콘크리트 블록을 다년간 생산했기 때문에 호안 블록 제조가 용이했고, 기존에 확보해둔 영업선을 그대로 활용할 수 있었다. 사전 작업이 마무리되자 F사는 호안 블록을 대량으로 생산할 수 있는 시설을 갖추고 2008년에 본격적으로 제품을 판매하기 시작하였다.

　창업자의 시기적절한 판단으로 인해 F사의 2008년 매출액은 7억 원 수준이었으나, 2009년은 20억 원으로 전년 대비 세 배가량 급증하였고, 2010년에는 전년 대비 다소 감소하였으나 17억 원 수준을 기록하였다. 하지만 이후 호안 블록 관련 예산이 급감하면서 매출액은 2011년 6억 원, 2012년 7억 원으로 줄어들었다. 결국 2009년과 2010년 매출액이 반짝 급증하였으나 이후 본래 매출액 수준으로 돌아오고 말았다.

　문제는 단순히 2009년과 2010년 반짝 정점을 찍고 2008년 시점으로 돌아온 것만이 아니었다. F사의 2008년과 2012년 매출액

<표 2> F사의 손익계산서                                    (단위 : 백만 원, %)

| 연도 | 2008년 | 2009년 | 2010년 | 2011년 | 2012년 |
|------|--------|--------|--------|--------|--------|
| 매출액 | 700 | 2,000 | 1,700 | 600 | 700 |
| 영업이익 | 70 | 100 | 100 | 20 | 20 |
| 영업이익률 | 10 | 5 | 5.9 | 3.3 | 2.9 |

은 비슷한 수준이지만 손익계산서를 분석해보면 질적으로 기업의 변화가 발생했다는 것을 알 수 있다. 〈표 2〉의 손익계산서를 분석해보면 F사의 영업이익률은 2008년 10%에서 2009년 5%, 2010년 5.9%, 2011년 3.3%, 2012년 2.9%로 점점 감소하였다. 특히 두 가지 사실에 주목할 필요가 있다.

첫째, 2008년 이후 영업이익률은 지속적으로 감소하고 있다는 점이다. 매출액이 급증하던 2009년과 2010년, 매출액이 축소되던 2010년, 2011년에도 영업이익률은 2008년 수준을 회복하지 못하고 있다. 요컨대 영업이익률 측면에서 볼 때 2008년의 F사와 2012년의 F사는 질적으로 다른 기업이다.

둘째, 매출액이 급증하던 2009년과 2010년, 영업이익률이 2008년에 비해 반 토막이 되었다. 경영자라면 누구나 매출액 증가에 따라 원자재 구매 단가 인하와 고정비 비율 감소 등 규모의 경제 효과 때문에 이익률이 향상되는 것을 기대한다. 하지만 F사는 그와는 반대의 현상이 발생하고 말았다. 즉 매출액은 세 배가량 증가하였지만 영업이익률은 반 토막으로 감소하였다. 어쩌면 F사가 2008년에 호안 블록 사업을 시작하지 않았다면 더 좋은 결과를 얻었을지도 모른다. 지난 5년간 F사의 이익구조는 오히려 악화되고 있었다. F사가 이처럼 급속한 양적 성장 시기에 이익 구조가 악화된 것은 바로 성장통을 극복하지 못했기 때문이다.

2009년 F사 창업자는 4대강 살리기 사업 이후에도 4대강 유지관리 예산이 지속적으로 투자될 것으로 오판하였다. 실제로 창업자는 당시 매출액이 2011년 30억 원, 2012년 50억 원에 이를 것으로 예상하고 인력과 조직을 확장하였는데, 그 규모가 기업이 감당할 수 있는 수준을 뛰어넘었다. 일단 임직원이 두 배 이상으로 증가하였고, 그 과정에서 경영능력이 부족한 친인척까지 경영진으로 합류하였다. 임직원의 증가로 인해 조직이 비대해지면서 의사결정은 지연되고 시장 상황에 대한 대처 속도가 줄어들게 되었다.

2009년 당시 정부와 지자체에서 발주된 4대강 사업 공사가 일시적으로 집중하면서 이에 필요한 호안 블록 제품의 수요 또한 급증하였다. 이를 충족시키기 위해 F사는 전년 대비 생산량을 네 배 이상 증가시킬 수밖에 없었는데, 문제는 이를 감당할 수 있는 생산능력과 품질능력이 부족했다는 데 있다. 표면적으로 신규 채용된 임직원의 숫자는 분명 증가하였지만, 전문가들의 영입은 이루어지지 못했고, 체계적인 생산관리시스템 또한 도입하지 못했다. 따라서 제조 현장에서는 예전 방식 그대로 생산하고 있었다. 경험과 능력을 겸비한 현장 전문가들의 부족과 체계적인 생산관리시스템의 부재로 인해, 생산량 증가와 함께 불량이 함께 증가하면서 제조원가가 증가하고 소비자의 신뢰가 하락하는 부작용이 발생하였다.

매출액은 기업의 성장 여부를 알 수 있는 대표적인 지표이다. 특별한 조작이 없는 한 매출액이 증가한다는 것은 기업의 외형이 커진다는 것을 뜻한다. 하지만 외형이 커지는 만큼 그에 비례한 경영조직과 생산관리시스템을 갖추지 못한 기업에게 성장통이 발생할 수밖에 없다. 심지어 F사와 같이 심각한 수준의 성장통을 앓게 될 수도 있다.

성장기 청소년들이 성장 과정에서 원인을 알 수 없는 통증인 성장통을 경험하는 경우가 있는데, 통증이 심한 경우도 더러 있지만 대부분은 특별한 치료 없이 저절로 낫게 된다. 기업도 사람과 비슷하게 성장 과정에서 성장통을 앓게 되는데, 기업은 사람과 달리 이를 슬기롭게 극복하지 못한다면 쇠퇴하거나 소멸할수 있다. 따라서 성장통을 피하거나 최소화하기 위해 창업자는 초창기, 성장기, 안정기 등의 성장 단계별로 적합한 경영능력과 자신을 뒷받침해 줄 수 있는 경영조직을 갖출 필요가 있다. 미성숙한 경영 마인드와 조직을 고수한 채 성장을 맞이하게 되면 오스본 컴퓨터와 F사처럼 성장통에 걸려 소멸하거나 쇠퇴하게 될 것이다.

# 영원한
# 블루오션은 없다

|

치열한 경쟁 속에서 생존을 추구해야 하는 기업은 경쟁자가 없는 시장을 갈구할 수밖에 없다. 따라서 기업에게 있어 무경쟁 시장, 독점 시장은 이상적인 낙원이라고 할 수 있다. 이처럼 기업이 경쟁 없이 독식할 수 있는 시장을 '블루오션'[17]이라고 한다. 김위찬 교수는 그의 저서 『블루오션전략』에서 기업들이 경쟁자들 간 비슷한 전략과 상품으로 경쟁하는 레드오션에서 벗어나 경쟁자가 없는 새로운 시장인 블루오션을 창출해야 한다고 주장한다.

블루오션 전략의 핵심은 품질 향상과 동시에 원가를 절감할 수 있는 가치혁신value innovation이다. 가치혁신은 고객이 진정으로 요구하는 가치를 제공하기 위해 제품과 서비스를 혁신하는 것이다. 가치혁신을 통해 기업은 차별화와 원가 경쟁력을 갖추고 고객에게 가치를 제공하기 때문에 무경쟁 시장을 창출할 수 있게 된다.

사양산업인 서커스 시장에서 성공한 '태양의 서커스'가 대표적인 사례이다. 태양의 서커스는 스타 곡예사, 동물 묘기쇼, 구내매점 등 기존의 서커스 시장이 고수하던 방식을 과감히 줄이거나 없앴다. 대신 재미와 유머와 같은 가치는 기존 서커스와 비슷하게 유지한 채 테마, 세련된 관람 환경, 다양한 공연작품, 예술적인 음악과 무용이 가미된 복합적인 공연으로 새로운 가치를 고객에게 제공하였다. 자신들만의 블루오션을 개발한 태양의 서커스는 문화상품으로서 세계적으로 그 명성을 이어가고 있다.

하지만 블루오션이 영원히 지속될지는 다소 의문이 든다. 선도기업이 블루오션을 경쟁자들보다 먼저 개척할 수는 있지만 경쟁자들의 시장 진입을 영원히 막을 수는 없다. 특히 전 세계적으로 독점기업에 대한 규제가 엄격해지고 있기 때문에 블루오션을 창출할 수는 있어도 영원히 유지할 수는 없다. 또한 건전한 경쟁이 없다면 기업의 경쟁력은 쇠퇴할 수밖에 없다.

이런 관점에서 후발 경쟁사의 출현과 고객사의 공급처 다변화 정책으로 인해 블루오션을 잃게 된 G사의 사례는 시사하는 바가 크다.

## 선두를 위협하는 2인자의 추격

최근 몇 년 전부터 TV, 냉장고, 세탁기 등 가전제품의 화재에 대한 소비자 인식이 강조되면서 가전제품의 케이스로 사용되는 플라스틱 사출성형 제품에 대해 난연 특성이 요구되기 시작하였다. 이를 위해 플라스틱 사출성형 과정에서 난연제, 난연보조제 등의 수요가 증가하기 시작하였다.

G사 창업자는 대학원에서 화학공학을 전공한 엔지니어로서 대기업에서 석유화학 제품 관련 기술개발 및 기술영업을 경험하였다. 통상적으로 B2B 영업의 경우, 고객들이 일반소비자가 아닌 기술 전문가이기 때문에 B2C 영업과 달리 기술 지식을 보유한 엔지니어들이 기술영업을 하게 된다. 대기업 근무 당시 그는 우연히 해외 고객들로부터 안티 드립제<sup>Anti-dripping agent</sup>의 필요성과 수요 전망에 대한 의견을 듣게 되었다. 안티 드립제는 화재 발생 시 플라스틱 불똥이 떨어지는 것을 방지하는 첨가제로서, 화재 전파를 차단하기 때문에 그 수요가 점차 증가하고 있었다. 특히 안티 드립제는 난연 특성을 개선하기 위해 필수 첨가제이기는 하지만 플라스틱 사출성형 공정에서 소량이 요구되므로 기술창업기업이 사업화하기에 적합한 아이템이었다.

이후 G사 창업자는 안티 드립제의 시장성과 사업성에 대한 검토와 함께 개발 가능성에 대해서도 고민을 하였다. 비교적 안정적인 대기업을 떠나는 것이 결코 쉽지는 않았지만, 약 1년간의 준비 후 그는 확보된 해외 영업선과 자신의 기술개발 능력을 기반으로 직장 동료와 함께 2007년 G사를 창업하였다.

창업 첫해부터 안티 드립제 개발에 혼신의 노력을 다한 G사는 2008년 드디어 제품개발에 성공하였다. 미국과 유럽의 글로벌 석유화학 제조사만이 보유한 안티 드립제는 개발 과정도 어려웠지만 신뢰성 있는 제품을 양산하는 것은 더 큰 난관이었다. 안티 드립제 제조에 대한 노하우는 외부로 노출된 적이 없었기 때문에 G사는 수많은 시행착오 끝에 독자적으로 제조기술을 확보할 수 있었다. 또한 최초 납품했던 제품에서 불량이 발생하면서 어렵게 확보했던 해외 고객사를 잃을 뻔했으나 다행히 해외 고객사에서 초기 불량에 대해 신속하게 대응한 G사의 노력을 인정하여 장기 계약을 체결해 주었다.

G사가 시장에 진출할 당시 안티 드립제는 미국과 유럽에서만 소량으로 생산되고 있어 중국, 대만, 태국, 말레이시아 등 아시아 지역의 가전제품 생산 공장에는 공급이 원활하지 않았다. 게다가 미국과 유럽 제품은 고가에, 공급 기간이 장시간 소요되어 고객사들에게는 큰 골칫거리였다. 이러한 상황에서 G사가 제품을 출시했기 때문에 단기간에 다수의 고객사를 확보할 수 있었으며,

급기야는 아시아 지역 내 공급을 독점하기에 이르렀다. 고객사가 요구하는 단가 및 공급 시기를 맞춰 주면서 G사의 매출액 역시 급성장하였다. 2008년 17억 원에서 시작한 매출액은 2009년 86억 원, 2010년 92억 원, 2011년 172억 원으로 급증하여 양산을 시작한 지 3년 만에 매출액은 열 배로 수직 상승하였다. 미국과 유럽 제품에 비해 G사의 제품이 성능 면에서 다소 열세였지만 가격, 납기, 커뮤니케이션, 신속 대응력 등에서 우위에 있었기 때문에 고객사를 만족시킬 수 있었다. 새로운 가치를 고객사에 제공함으로써 G사는 블루오션을 확보한 것으로 보였다.

하지만 G사의 매출이 증가하면서 이들이 제조하던 안티 드립제에 대한 소문이 아시아 지역의 경쟁사들에게 전파되기 시작하였다. 이에 따라 경쟁사들이 하나둘 안티 드립제 제조기술을 개발하기 시작하였다. 다수의 후발 경쟁사들이 출현함에 따라 G사의 매출액은 자연스레 감소하였다. 2011년 172억 원에 이르렀던 G사의 매출액은 정점을 찍고, 2012년 163억 원, 2013년 124억 원, 2014년 119억 원으로 감소하기 시작하였다(〈그림 3〉 참조).

G사의 고객사 입장에서 보면 원료의 독점 공급은 되도록 피하고 싶었을 것이다. 독점 공급으로 인해 가격 협상력을 확보할 수 없고, 공급저로부터 공급이 원활히 이루어지지 못한다면 생산에도 직접적인 악영향을 끼칠 수 있기 때문이다. 또한 G사의 경쟁

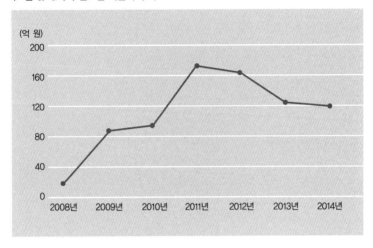

〈그림 3〉 G사의 연도별 매출액 추이

(억 원)

사 입장에서는 G사가 시장을 개척하던 초기에는 수수방관할 수밖에 없었지만, 5년이란 시간은 경쟁사들이 자체 기술개발을 통해 제품 양산이 충분히 가능한 시간이다. 고객사와 경쟁사 모두 G사의 독점을 막기 위해 각자 최선의 노력을 다했다. 그 결과 2012년부터 G사의 독점은 깨지고 말았다. 결국 G사의 경우 초기 시장을 개척한 능력은 높이 평가되지만, 잠재적 경쟁자의 출현과 교섭력을 확보하려는 수요자에 대한 대비가 미흡했다고 평가된다.

〈월스트리트저널Wall Street Journal〉에 따르면 2014년 상위 8개의 스마트폰 제조사의 총 영업이익에서 애플Apple Inc.의 영업이익이 무려

92%를 점유했다.[18] 영업이익 측면에서 볼 때, 애플은 스마트폰 시장에서 확실하게 블루오션을 찾은 것으로 보인다. 하지만 애플이 언제까지 독주할 수 있을지는 아무도 예측할 수 없다. 아이러니하게도 애플의 첫 아이폰이 출시된 2007년, 노키아Nokia의 휴대폰 시장 점유율은 40%로 정점에 이르고 있었다. 경쟁자들이 모두 놀고먹는다면 모를까, 시장에서 경쟁자들은 끊임없이 선두 주자를 위협한다. 따라서 시장에서 독점적인 지위를 유지하고 있다고 해도 방심은 절대 금물이다.

원천특허, 대규모 초기 자본, 규제 등으로 인한 진입장벽이 존재하는 시장을 제외하고 일반적인 시장에서 경쟁자의 출현은 피할 수 없다. 따라서 시장에서 독점적인 시장 점유율을 확보했다 하더라도 이를 장기간 유지하는 것은 어려운 일이다. 소위 '캐쉬카우cash cow' 사업이라 하더라도 지속적으로 시장 점유율을 유지하지 못한다면 언제든지 '도그dog' 사업으로 전락할 수 있다는 사실을 명심해야 한다. 또한 시장 내 경쟁자들뿐만 아니라 잠재적인 경쟁자들의 출현까지도 대비해야 한다.

# 산업분석

기술창업기업의 창업자들 중 대다수가 동업종의 경쟁사에 대한 분석은 하지만 기업이 속한 산업에 대한 분석까지는 생각하지 못하는 경우가 많다. 기업은 그가 속한 산업환경 내에서 활동하는 개체로서 그 산업으로부터의 영향을 피할 수 없다. 따라서 기업의 안정적인 수익성과 성장성을 확보하기 위해서는 산업분석이 필요하다. 이와 관련하여 마이클 포터Michael Eugene Porter가 발표한 다섯 가지 산업구조분석[19]에 대한 이론을 소개하고자 한다. 이 이론의 핵심은 산업의 전반적인 경쟁구도에 영향을 미치는 다섯 가지 요소의 상호관계를 정리한 것이다.

① **시장진입의 위협** : 현실적으로 기술창업기업이 이동통신 산업 혹은 정유 산업에 진출하는 것은 불가능하다. 이처럼 새로운 기업이 시장에 진입하는 것을 막는 것을

〈그림 4〉 산업분석의 5요소

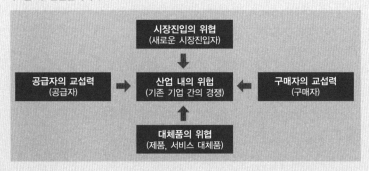

진입장벽이라고 하고, 진입장벽이 높을수록 기존 기업의 수익성은 안정적으로 보호된다. 이러한 진입장벽으로는 규모의 경제, 제품 차별화, 대규모 사업자금, 교체비용의 부담, 견고한 판매망, 사업규모와 무관한 비용장벽, 정부의 정책 등이 있다.

② **산업 내의 경쟁구조** : G사는 경쟁사의 출현으로 시장 점유율이 낮아지고 말았다. 이처럼 동일 산업 내에서 기존 기업들은 제품과 서비스의 차별화를 놓고 치열한 경쟁을 하게 된다. 이러한 경쟁구조는 경쟁 기업의 수와 규모, 산업의 성장률, 고정비용과 과잉 생산능력, 다양성의 정도, 철수비용의 정도 등에 따라 영향을 받는다.

③ **대체품의 위협** : 스마트폰의 출현으로 인해 MP3, 디지털카메라, 녹음기 등의 수요가 급격하게 감소하였다. 이처럼 대체품이 출현하게 되면 수요가 감소하기 때문에 기존 기업들은 제품가격을 상승시킬 수 없으며, 최악에는 기존 시장이 대체품으로 인해 사라질 수도 있다. 대체품이 출현하게 되면 소비자들은 언제든지 기존 제품을 외면할 수 있다.

④ **공급자의 교섭력** : POSCO에서 철강 재료를 구매하여 제품을 생산하는 기술창업기업의 경우 POSCO가 제시한 공급가격과 공급량에 맞출 수밖에 없다. 시장에 공급자는 소수이나 구매자가 다수인 경우, 대체품이 별로 없는 경우에는 공급자의 교섭력이 강하게 된다.

⑤ **구매자의 교섭력** : 삼성전자에 휴대폰 부품을 공급하는 기술창업기업의 경우, 다른 휴대폰 제조사에는 판매가 현실적으로 불가능하기 때문에 삼성전자에서 제시한 구매가격과 수량에 맞춰야 한다. 이렇게 구매자 위주의 시장에서는 구매자의 교섭력이 커지게 된다.

# 과도한 시설투자가 불러오는 '팩토리푸어'

요즘 세상에 주택담보대출 없이 집을 마련할 수 있는 서민이 얼마나 될까. 그만큼 서민들의 내 집 마련을 위해서는 주택담보대출이 필수사항이 되었다. 그런데 불행하게도 주택 구입 이후에 주택 가격이 하락하면서 매수가보다 낮은 가격으로 내놓아도 팔리지 않고, 매월 이자비용을 감수해야 하는 상황에 빠지는 경우가 있다. 이런 경우를 가리켜 '하우스푸어house-poor' 라고 하는데, 사업을 할 때도 이런 일이 발생할 수 있다. 이른바 '팩토리푸어factory-poor' 이다.

정보통신기술이 발달하고 OEM<sup>Original Equipment Manufacturing</sup>(주문자 생산방식), ODM<sup>Original Development Manufacturing</sup>(제조업체 개발생산) 등과 같이 생산방식이 혁신되면서 제조에 필요한 공장을 갖출 필요성이 줄어든 것이 사실이다. 하지만 사업이 계획대로 잘 이루어져서 사세가 확장되면 제조원가 절감, 기업 인지도 향상, 직원들의 회사에 대한 자긍심 고취 등의 다양한 이유로 사옥 혹은 공장을 소유하고 싶은 욕구가 생겨난다. 즉 주머니에 돈이 생기게 되면 남의 집 세입자가 아닌 집주인이 되고 싶은 마음이 생기는 게 인지상정이다.

집 주인이 되겠다는 결심이 섰다면 이제 필요한 것은 집을 살 돈을 마련하는 것이다. 대기업처럼 현금이 충분하다면 좋겠지만 서민과 마찬가지로 기술창업기업은 자금이 부족하므로 은행에 담보대출을 신청하게 된다. 기업이 이와 같은 목적으로 은행에 신청한 대출을 시설자금대출이라고 한다. 은행으로부터 돈을 빌려 공장이나 사옥을 완성한 이후에 부동산 시세가 상승하게 되면 기업은 그 차익을 얻을 수 있다. 그런데 기업은 시세차익 외에 대출을 통해 얻을 수 있는 장점이 한 가지 더 있다. 일반적으로 시설담보대출은 신용대출에 비해 금리가 낮기 때문에 이자비용과 기존에 기업이 부담하던 월세 비용이 비슷한 경우가 발생한다. 즉 건물 주인에게 내던 월세를 은행에 이자로 납부하고 집주인이 될 수 있다.

여기까지만 생각하면 시설자금대출을 이용하지 않으면 손해일 것 같은데, 과연 시설자금대출은 유리한 점만 있을까? 세상사가 그렇지만, 이런 경우는 예상치 못했던 함정이 늘 상존해 있다. 이런 함정에 빠져 실패한 H사의 사례를 통하여 시설자금의 함정에 대해 알아보자.

## 시설투자의 함정

H사 창업자는 토목 엔지니어 출신으로 토목, 건설 분야의 풍부한 경험을 갖고 있었다. 그는 KT로부터 광통신 케이블 매설 공사에 필요한 콘크리트 맨홀 납품계약을 확보하면서 2005년 H사를 창업하였다. KT로부터 매년 안정적으로 수주량을 확보한 H사의 매출액은 2009년부터 20억 원 수준을 유지하고 있었다. 주 거래처인 KT의 연간 발주량이 일정하였기 때문에 매출액 성장에는 한계가 있었지만, 안정적인 거래처를 확보한 탓에 자금운영에 어려움 없이 안정적으로 운영되고 있었다. 따라서 H사 창업자는 신규 사업을 통해 사업을 확장하고자 늘 고심하고 있었다.

그러던 차에 드디어 H사에게 기회가 찾아왔다. 정부에서 바다목장 사업을 발표하자 각 지자체들이 이에 대한 투자를 추진하기 시작하였다. 바다목장은 인공 어초를 활용하여 어류 서식지를 제공하여 어획량을 증가시키는 방안으로, 이를 위해서는 인공 어초가 필수적이다. 인공 어초는 바다에 투입되어 어류들이 서식해야 하기 때문에, 일반 콘크리트와는 달리 친환경 재료가 필요하다. 마침 H사는 광통신용 맨홀 콘크리트 제품을 생산하면서 친환경 제조기술을 보유하고 있었다. 이에 따라 H사 창업자는 신규 사업 아이템으로 콘크리트 인공 어초를 선정하고 사업화를 추진하였다. 이에 따라 H사 창업자는 2011년 협소한 기존의 임차사업장을 대신할 신규 공장 건립을 결정하였다. 이를 위해서는 토지, 건물, 기계장치를 포함해서 대략 13억 원이 필요했는데, 4억 원은 자본금을 증자하여 직접 조달하고, 9억 원은 은행에서 시설자금 대출을 받았다.

〈표 3〉은 H사의 자가 공장 준공 전후의 대차대조표이다. H사의 공장 준공 전 총 자산은 17억 원이었으나, 준공 후에 33억 원으로 거의 두 배가 증가하였다. 이는 공장 준공으로 인해 비유동

〈표 3〉 H사의 공장 준공 전후 대차대조표 (단위 : 백만 원)

| 과목 | 2010년 | 2011년 | 과목 | 2010년 | 2011년 |
|---|---|---|---|---|---|
| 유동자산 | 742 | 510 | 유동부채 | 951 | 835 |
| 비유동자산 | 947 | 2,792 | 비유동부채 | 0 | 1,291 |
| | | | 자본금 | 400 | 800 |
| | | | 자본 총계 | 738 | 1,176 |
| 자산 총계 | 1,689 | 3,302 | 자산 총계 | 1,689 | 3,302 |

자산(기업이 1년 이상 사용 목적으로 보유하는 구체적인 재화) 중 유형자산이 준공 후에 13억 원으로 증가하였기 때문으로 해석된다. 공장 준공 후 H사의 매출액은 다소 증가하였으나, 매출원가와 판관비의 증가율이 매출액 증가율을 초과하면서 오히려 영업손실 5,200만 원이 발생하였다(〈표 4〉 참조). 여기에 재무구조를 더욱 악화시킨 것은 이자비용의 증가였다. 준공 전 이자비용은 1,300만 원이었으나 준공 후 이자비용은 4,300만 원으로 세 배 이상 급증하였다.

당초 계획과 달리 H사의 신규 아이템인 인공 어초의 사업화가 지연되고 KT로부터의 수주액까지 감소하게 되면서 동사의 매출액은 2012년 19억 원, 2013년 12억 원 수준으로 점차 감소하였다. 반면에 영업이익 2012년 100만 원, 2013년 7,500만 원 대비,

〈표 4〉 H사의 공장 준공 전후 손익계산서 (단위 : 백만 원)

| 연도 | 2010년 | 2011년 | 2012년 | 2013년 |
|---|---|---|---|---|
| 매출액 | 2,083 | 2,347 | 1,947 | 1,267 |
| 영업이익 | 228 | −52 | 1 | 75 |
| 영업외수익 | 96 | 134 | 134 | 4 |
| 영업외비용<br>– 이자비용 | 26<br>– 13 | 43<br>– 43 | 72<br>– 72 | 73<br>−68 |
| 법인세비용 | 16 | 0 | 0 | 0 |
| 당기순이익 | 282 | 39 | 63 | 6 |

이자비용은 2012년 7,200만 원, 2013년 6,800만 원으로 증가하면서 H사는 이자비용을 감당하기 어려운 상황에 처했다. 결국 2014년 대출금 연체로 인해 H사는 도산하고 말았다. 공장을 건립할 때 세웠던 긍정적인 시나리오와 달리 실제로 최악의 시나리오가 발생한 결과 H사는 부채상환 능력을 상실하고 말았다.

경영자라면 누구나 더 많은 매출과 이익을 위해 시설투자를 결정할 것이다. 부정적인 결과가 예측된다면 어떤 경영자가 시설투자를 감행하겠는가. 하지만 사업은 부정적인 미래에 대한 리스크 관리가 반드시 동반되어야 한다. 특히 대규모 자금의 차입이 이루어지는 시설투자의 경우 차입금 상환에 대한 구체적인 계획과 플랜 B가 없다면 H사와 같은 실패를 피하기 어렵다. 따라서 차입금의 상환에 필요한 재무계획을 수립하는 것이 매우 중요하다.

🔍 **TIP** --------------------------------------------------------

## 숫자에 약한 경영자들을 위한 대출금 상환 계산법

시설자금은 운전자금에 비해 대출금의 규모가 크고 상환 기간이 긴 것이 일반적이다. 예를 들어 시설자금 10억 원을 거치 기간 3년 및 상환 기간 7년 조건으로 총 10년간 은행에서 빌렸다고 가정해보자.

따라서 거치 기간 3년 동안에는 이자를 갚고, 상환 기간 7년 동안에는 원금과 이자를 함께 상환해야 한다. 이때 이자는 10년 동안 3%로 고정되어 있다고 가정하였다.

거치 기간 3년 동안에는 이자로 매월 250만 원을 은행에 납부해야 하는데, 임차로 있더라도 월세는 발생하므로 매월 250만 원을 은행에 월세로 지불하면 된다. 그런데 거치 기간이 끝나고 이자와 함께 대출 원금을 상환해야 하는 상환 기간이 도래하면 상황은 많이 달라진다. 매달 원리금을 동일 금액으로 상환하는 원리금 균등상환 조건으로 계산하면 매월 1,321만 원을 7년(84개월) 동안 납부하여야 한다. 즉 상환 기간에는 거치 기간에 비해 대략 5.3배가 늘어난 금액을 매달 은행에 상환해야 한다. 그것도 이 기간 동안 원리금 연체 한 번 없고, 이자도 3%로 고정된다는 가정에서 그렇다는 것이다. 그 기간 동안 연체가 있거나 이자가 상승한다면 원리금 상환금액은 그에 비례해 상승할 수 있다.

3년 거치 기간 : 매달 이자만 250만 원 상환
7년 상환 기간 : 이자 + 원금 포함 매달 1,321만 원 상환

그럼 상환 기간 7년 동안 월평균 1,300만 원의 원리금을 낸다고 가정하면 그 기업은 얼마나 벌어야 할까? 즉 어느 정도의 매출액을

확보하여야 월평균 1,300만 원의 원리금을 감당할 수 있을지 계산해 보도록 하자.

일반적으로 기업이 벌어들이는 영업이익 대비 금융기관으로부터 차입한 대출금의 이자비용의 비율을 이자보상배율이라고 하며, 이 이자보상배율이 1 미만이면(즉 이자비용이 영업이익을 초과하면), 금융기관에서는 한계 기업으로 분류한다.

〈표 5〉와 같이 순이익과 영업외수익이 전혀 없고, 영업외비용에는 오로지 이자비용만 존재한다고 가정했을 때 영업이익률 5%[20]를 적용하면 매출액은 32억 원이 된다. 즉 연매출액 32억 원은 되어야 시설자금 10억 원을 정상적으로 상환할 수 있다는 결론에 도달한다.

정리해보면 10억 원의 시설자금을 정상적으로 상환하기 위해서는 상환 기간이 종료될 때까지 그 기업의 매출액은 연평균 32억 원, 월평균 2.7억 원이 되어야 한다. 이때 7년 동안 이자는 3%로 고정되

〈표 5〉 시설자금 10억 원 상환 가능한 추정 손익계산서          (단위 : 백만 원)

| 항목 | 금액 | 가정 |
| --- | --- | --- |
| 순이익 | 0 | 순이익 없음 |
| 영업외비용 – 이자비용 | 159 | 영업외비용은 이자비용 |
| 영업외수익 | 0 | 영업외수익 없음 |
| 영업이익 | 159 | 이자보상배율 1 |
| 매출액 | 3,180 | 영업이익률 5% |

었고, 그 기간 동안 다른 은행에서 추가 대출이 전혀 없다는 것을 가정했다. 만약 7년 동안 이자가 3% 이상 상승하거나, 매출액이 감소한 경우, 또는 영업이익률이 줄어든다거나, 운전자금이 필요해서 추가적인 대출을 받게 되면 정상적인 원리금 상환은 불가능하다. 더욱 중요하게 생각해야 할 것은 매출액이 증가하더라도 원자재비, 인건비, 각종 비용 등의 운전자금이 매년 증가할 수밖에 없는데, 이 경우 기업 내부의 유보금으로 순운전자금 증가액을 충당하면 괜찮지만 그렇지 못할 경우에 자금 경색으로 인해 그 기업은 파산할 가능성이 높다.

----------------------------------------------------------------

# 대규모 시설투자 시 유의사항

2005년 삼성전자는 디스플레이 산업이 성장함에 따라 매년 신규 공장을 증설하였다. 그 당시 LCD 총괄에서 가장 역점을 두었던 것은 공장 가동 첫해부터 영업이익을 기록하는 것이었다. 당시 대형 LCD 제조 공장 건립에는 대략 2조 원 규모의 현금이 투입되어야 했는데, 자칫 영업손실이 발생하면 삼성전자 전체에 악영향을 미칠 수 있기 때문에 총괄 경영진들이 이에 대해 심각하게 고민하고 대처하였다. 특히 대규모 자금이 투입된 공장의 경우, 준공 첫해부터 투자자금에 비례해 대규모의 감가상각비가 발생하기 때문에 준공 첫해부터 영업이익을 발생시키기 위하여 조기 양산과 수율$^{yield}$ 향상이 핵심 과제였다. 따라서 신규 공장 1~2년 전부터 투입될 인력들을 교육 및 훈련시키고, 공장 가동이 조기에 정상적으로 이루어질 수 있도록 철저히 준비를 시켰다. 이렇게 함으로써 준공 첫해부터 수익을 창출할 수 있었다.

반면 기술창업기업의 창업자들은 은행 직원의 권유, 체면과 위신 혹은 부동산 투자 등을 목적으로 대규모 시설투자를 결정하는 경우가 종종 있다. 특히 자동차 부품업계와 IT 부품업계에 종사하는 창업자들은 대규모의 공장을 자랑스러워 한다. 삼성전자나 현대기아자동차 등과 같은 대기업에 납품하는 하청업체들의 경우 원청기업에서 대규모 투자를 강권하고 있는 상황이고, 경쟁 납품처에 비해 생산능력에서 경쟁력을 갖추기 위해 대규모 시설투자를 선호하기도 한다. 하지만 대규모 시설지금을 감당하기에 이들 기업들의 영업이익률, 순이익률은 취약한 경우가 많다. 왜냐하면 대기업들이 하청업체들의 높은 이익률을 방관하지 않기 때문이다. 결국 대기업으로부터의 물량을 더 수주하기 위해 무리하게 생산시설을 증설하다가 도산에 이르는 경우를 종종 목격했다.

새로 산 신발을 신고 진흙길을 걸어갈 때, 처음에는 진흙이 묻지 않게 조심해서 걸어가지만 한번 진흙을 묻히게 되면 개울가에 가서 씻어내면 된다는 생각으로 진흙길을 의식하지 않고 주저 없이 걷게 된다. 대출도 마찬가지다. 대출을 처음 받을 때는 상환할 수 있을지 걱정도 하고 초초해 하지만, 대출금이 늘어나게 되면 이에 무감각하게 되어 어느 순간 감당할 수 없는 수준에 이르게 된다. 대출을 받아 사업을 확장하겠다는 계획이 있다면 반드시 대출을 어떻게 상환할지에 대한 계획도 함께 세워보는 지혜가 필요하다.

# 재무제표는 기업의 얼굴, 외모 경쟁력을 키워라

|

최고의 선율을 만들기 위해 오케스트라 지휘자는 다양한 악기의 음색과 특성을 이해한 후 각각의 악기들을 조화롭고 통일되게 지휘해야 한다. 기업 경영도 마찬가지다. 오케스트라와 같이 기업을 경영하는 창업자는 경영 프로세스를 충실히 이해하고 이를 효율적으로 운영해야 한다. 하지만 이것은 경영학 교과서에나 있을 법한 이상적인 창업자의 모습이다. 현실 세계에서 완벽한 창업자는 존재할 수 없고, 어떤 창업자든 부족함을 가지고 있다.

그런데 이공계 출신 창업자들은 재무회계 분야에서 유독 약한 모습을 보이는 경우가 많다. 그러나 재무회계는 기업의 언어이기 때문에 창업자는 재무제표를 반드시 이해할 필요가 있다. 재무제표에 대한 이해는 필수요소이다. 실제적으로 재무제표에 대한 무지 혹은 관리 소홀로 인해 기업이 불이익을 받는 경우가 종종 있다. 경영상의 별다른 위기 없이도 재무제표 관리 소홀로 인해 금융권으로부터 불이익을 받는다면 기업 입장에서는 그보다 억울한 일도 없을 것이다.


## 금융기관의 기업판단 지표

2000년도에 설립된 I사는 사료 첨가제를 제조하여 사료 제조사에 납품하는 기술창업기업이다. 설립 이후 양호하게 성장하던 I사는 매출액이 2005년 37억 원에서 2006년 59억 원으로 정점을 기록하였으나 2007년 이후 2005년 실적으로 복귀하였다.

  I사 창업자는 2005년까지 판매가 수월한 상품매출에 주력하다 보니 이익률이 낮다고 판단하여, 수익률이 높은 제품의 매출 비중을 높이고자 했다. 마침 2007년 구제역, AI 발생으로 인해 시장 수요가 급감하자 I사는 포트폴리오 조정의 적기로 판단하고 상품매출 비중을 낮추었다. 2006년을 제외하면, 총 매출액 대비 상품매출액 비중은 2005년 58.8%, 2007년 49.4%, 2008년 46.4%, 2009년 21.2%로 꾸준히 감소하였다. I사는 이익률이 낮은 상품 대신 이익률이 높은 제품의 매출을 높이기 위해 2007년

<표 6> I사의 매출액 추이                                              (단위 : 백만 원, %)

| 연도 | 2005년 | 2006년 | 2007년 | 2008년 | 2009년 |
|---|---|---|---|---|---|
| 상품매출액 | 2,206 | 2,899 | 1,616 | 1,746 | 643 |
| 제품매출액 | 1,547 | 3,028 | 1,654 | 2,013 | 2,384 |
| 총 매출액 | 3,753 | 5,940 | 3,272 | 3,759 | 3,027 |
| 매출액 대비 상품매출액비율 | 58.8 | 48.6 | 49.4 | 46.4 | 21.2 |
| 영업이익률 | 2.1 | 4.6 | 7.1 | 11.7 | 11.8 |

부터 전사적인 역량을 강화시켜 영업이익률이 2005년 2.1%에서 2007년 7.1%, 2008년 11.7%, 2009년 11.8%로 꾸준히 향상되고 있었다. 기업 입장에서는 체질 개선을 통해 수익성을 개선하고 있었다.

그러나 2007년 매출액이 급감하자 거래 금융기관에서는 I사에 대해 채무상환을 통지하고 자금 압박을 가하기 시작했다. 매출액 규모를 기반으로 대출금액을 산정하는 금융기관으로서는 어쩔 수 없는 조치였다. 하지만 I사 입장에서는 근본적인 기업의 질적 개선이 이루어지고 있는 부분을 인정해 주지 못하는 금융기관이 야속할 수밖에 없었을 것이다. 기업 내부적으로는 포트폴리오 변경 등의 구조조정을 하면서 동시에 금융기관으로부터 자금 압박을 받았으니 창업자의 마음고생 또한 심했을 것이다.

I사의 창업자는 상품매출액은 줄이고 제품매출액의 비중이 늘

어남에 따라 영업이익률이 늘어나면 금융기관들이 좋게 평가할 것으로 판단했다. 물론 영업이익률이 증가하는 것은 바람직한 현상이다. 하지만 매출액이 전년 대비 증가하지 않고 정체 혹은 감소하고 있다면 금융기관 입장에서는 그 기업에 대한 성장성을 의심하고, 이에 따라 기존에 투입된 자금에 대한 회수 압박 및 추가적인 자금지원을 중단하게 된다.

I사의 창업자는 축산학 박사학위를 보유한 전형적인 기술자 출신으로 재무제표에 대한 이해가 부족한 탓에 스스로 위험을 초래하는 결과를 낳았다.

재무제표는 기업의 재무상황을 외부에 알리는 중요한 자료이다. 워런 버핏Warren Buffett이 벤저민 그레이엄Benjamin Graham의 회사에서 애널리스트로 일할 때 그는 장기 투자의 대가인 월터 슐로스Walter Schloss와 함께 일을 했다. 슐로스는 기업을 평가하고 투자할 때 오로지 기업의 재무제표만을 끊임없이 분석하는 것으로 유명하다. 그의 영향으로 워런 버핏도 그와 일하는 초창기 재무제표를 읽고 기업을 분석하는 방법만을 일관되고 반복적으로 했다고 전해진다.[21] 이처럼 재무제표는 투자자나 금융기관 등 외부기관에서 기업을 판단하는 1차 언어이자 얼굴이다. 창업자는 이에 대한 중요성을 인식하고 경영 관련 의사결정을 내리기에 앞서 재무제표에 대한 충분한 이해를 기반으로 정확한 판단을 내려야 한다.

# 재무비율분석

기업의 재무분석은 경영자, 주주, 채권자(은행) 등의 관점에 따라 분석기준이나 방법이 상이하다. 여기서는 채권자 관점에서 주로 분석하는 재무지표 몇 가지를 알아보자. 재무지표는 채권자들이 재무등급을 산출하는 데 기본이 되는 것으로 창업자들의 이해가 반드시 필요하다. 일반적으로 재무지표들을 비율로 분석하는데, 이들 비율은 같은 업종에 종사하는 기업들의 평균치인 동업종 평균비율과 상대적으로 비교하는 것이 합리적이다.

### ① 부채비율

부채비율은 기업 재무구조의 안정성 여부를 판단하는 지표이다. 주주 몫인 타인자본*을 채권자 몫인 자기자본**으로 나누어 구하며, 이 비율이 낮을수록 재무구조가 안정적이며 재무구조의 건전성이 높다고 판단할 수 있다. 채권자 입장에서는 기업의 부채비율이 높으면 추가 대출이 어렵고 기업의 이자비용이 증가하여 수익성이 악화되므로 기존에 대출했던 차입금의 상환능력이 약화될 것으로 판단하게 된다.

$$부채비율 = 타인자본 / 자기자본 \times 100$$

- 타인자본은 차입금, 회사채, 매입채무 등의 부채를 의미하며, 1년 이내에 지급해야 하는 유동부채와 1년 이후 지급해야 하는 비유동부채로 구성됨.
- ** 자기자본은 소유자 지분으로 자본금과 자본잉여금, 이익잉여금 및 자본조정계정, 기타포괄손익누계액의 합계액으로 구성됨.

## ② 이자보상배율

이자보상배율은 기업이 영업활동을 통해 벌어들인 돈으로, 은행 차입금과 회사채 등의 이자를 정상적으로 갚을 수 있는지를 한눈에 알아볼 수 있는 재무지표이다. 매출 감소, 판매마진 축소, 차입금 증가, 이자율 상승이 발생하면 이자보상배율이 하락하게 되는데, 이는 곧 채권자들에게 중대한 위험신호가 된다.

$$\text{이자보상배율} = \text{영업이익} / \text{이자비용}$$

## ③ EBITDA margin

EBITDA는 EBIT[•••]에 감가상각비와 무형자산상각비를 더하여 산출한다. 회계상의 순이익이 금융비용이나 감각상각비 등 영업외 요인에 의하여 영향을 받는 데 반해, EBITDA는 영업외 요인에 의한 영향이 배제된 경영성과를 측정할 수 있어 수익성 판단 지표로 유용하게 쓰인다.

EBITDA margin은 EBITDA를 매출액으로 나누어 구하며, 사용가능한 현금이 매출액에 얼마나 들어 있는지를 측정할 수 있다.

$$\text{EBITDA margin} = \text{EBITDA} / \text{매출액} \times 100$$

---

[•••] EBIT(Earning Before Interest and Tax)는 이자 및 법인세 차감전순이익으로, 여기서는 한국은행 기업경영분석의 개념 정의에 따라 (법인세비용차감전순손익 + 이자비용)을 더해 산출하는 방식을 따르기로 함.

# 타 사업 진출 시 경계해야 할 '성공의 함정'

|

프랑스의 건축가이자 외교관이었던 페르디낭 드 레셉스$^{Ferdinand\ Marie}$ $_{de\ Lesseps}$는 1869년 수에즈 운하 건설에 성공하였다. 운하 건설의 시도는 과거에도 여러 번 있었지만 지중해와 홍해의 수심차가 10m나 되어 번번이 실패를 거듭하곤 했다. 수에즈 운하의 성공은 유럽과 아시아의 해상 실크로드가 완성된 매우 의미 있는 사건이었다.

수에즈 운하에 고무된 유럽의 금융업자들은 1881년 파나마 운하 건설회사를 설립하고 레셉스를 영입하였다. 레셉스는 과거 수에즈 운하 건설에서 성공한 방식, 즉 해면과 같은 높이의 운하 건설을 그대로 추진하였다. 하지만 파나마는 수에즈와 지형 및 기후가 크게 달라서 과거 공법으로는 건설을 할 수 없는 상황이었다. 결국 15년 동안 황열병 등으로 2만 명이 넘는 노동자가 죽음을 맞았고, 회사는 실패만 안은 채 1889년 파산하였다. 이런 경우를 빗대어 경영학에서는 '성공의 함정<sup>success trap</sup>' 22이라고 부른다. 경영자가 '성공의 함정'에 빠지게 되면 과거 성공으로 인해 교만해지고 종업원들에게 복종만 강요하여 판단력을 상실하게 된다.

전방 산업(최종 소비자가 주로 접하는 업종)의 불황이 예견되거나 다수의 경쟁자 출현으로 인해 수익성이 불량해지는 등 기존 사업의 매력이 감소하게 되면 기업으로서는 신규 사업을 모색하게 된다. 하지만 생존과 성장을 위한 선택으로 인해 오히려 기업이 위태롭게 되는 경우가 있다. 특히 기존 사업과 신규 사업 간에 연관성이 낮아 기존 사업에서 습득한 경험과 지식을 활용할 수 없는 경우는 위험한 선택이 될 수 있다.

## 그때는 맞고 지금은 틀리다

J사는 유무선 중계기 제조업체로, 1993년 설립된 이후 초고속 인터넷망 구축에 필요한 네트워크 장비를 납품하면서 2007년 매출액 500억 원, 영업이익 13억 원을 시현하는 등 안정적으로 사세를 확장하고 있었다. 안정적인 영업기반과 성장세를 기반으로 J

사는 코스닥 상장을 추진하였으나 실패하자 코스닥 상장사를 합병하여 2008년 코스닥 시장에 우회 상장하였다. 당시는 이동통신사의 시설투자가 마무리 단계에 접어들었던 때로 J사 창업자는 신규 사업을 선정하기 위해 고민하고 있었다.

J사 창업자는 해외에서 산악지역의 이동통신용 중계기 설치 시 태양광 패널을 이용해서 전력 문제를 해결하는 점에 착안하여 태양광 산업에 주목하고 2005년 태양광 패널 제조목적으로 J-1사를 설립하였다. J-1사 설립 시 창업자는 "세계 10대 태양광 기업이 되겠다", "효율 20% 대의 슈퍼셀을 개발하겠다"고 호언장담하며 적극적으로 설비투자를 진행했다. 2008년에는 폴리실리콘 잉곳ingot과 웨이퍼를 생산하는 J-2사를 설립하면서 태양광 모듈과 시스템을 담당하는 J사, 태양광 패널을 제조하는 J-1사까지 태양광 산업에 필요한 수직계열화를 완성시켰다. 그 과정에서 J사는 J-1사와 J-2사의 생산 공장의 준공에 무려 500억 원을 투자하였다. 하지만 J사는 이동통신 중계기 제조사로, J사 경영진들은 이 같은 대규모 시설투자나 대형 공장 운영에 대한 경험이 전혀 없었다.

공격적인 투자를 통해 독일, 미국, 이탈리아 등 전 세계 20개국의 30개 업체에 태양광 패널을 수출하던 J-1사는 2010년 매출액 1,500억 원과 영업이익 66억 원을 기록하기도 했지만, 계속된 투자로 인해 재무 상태는 악화되고 있었다. 2010년 말 기준 J-1사의 이자보상배율(통상적으로 1 미만이면 잠재적 부실기업으로 판단함)은 0.49에 불과했으며 부채비율은 664%에 달했다.

J-1사의 태양광 모듈 제조 공장에 필요한 자금을 확보하기 위해 J사는 2009년부터 네 차례 유상증자와 신주인수권부사채를 통해 553억 원을 마련했으며, J-1사를 위해 63억 채무에 대한 보증도 섰다. 하지만 J-1사의 수익이 악화되면서 J-1사의 상환전환우선주(만기 시 상환받거나 보통주로 전환할 수 있는 권리가 붙은 우선주)가 돌아왔고 채무보증도 줄을 이었다. 결국 2011년 J사와 J-1사는 법원에 기업회생을 신청하였고, 회생절차 조기 종결을 위해 J-1사의 지분 매각을 추진하였다. 2013년 J-1사는 두 회사에 나누어 매각되었는데, 매수 기업들은 태양광 산업보다 공장 부지를 확보하기 위해 J-1사를 매수하였다. 즉 이들 매수 기업들은 사업성이 없는 태양광 산업에는 관심이 전혀 없었다.

필자가 J사를 방문했을 때, J사 창업자는 자신이 이룩한 성과에 대한 자부심이 대단하여 자신의 성공 스토리를 필자에게 장시간 얘기했었다. 그 과정에서 창업자는 과거 자신이 겪었던 시련과 고난에 대한 극복 사례와 이를 기반으로 신수종사업인 태양광 사업을 반드시 성공시킬 수 있다는 자신감을 강하게 피력하였다. 심지어 J-1사를 코스닥이 아니라 미국 나스닥에 상장시킬 예정이라는 포부를 밝히기도 했다.

J사는 과거 성공을 기반으로 기존 사업과 연관성이 낮은 신규 사업에 도전하였다. 특히 대규모의 시설투자가 필요한 제조업에 도전하면서 재무적 리스크와 운영 리스크를 간과하였다. 이전 사업과는 별개의 사업 분야에 도전한 것이므로 J사 창업자는 초보 경영자와 다를 바가 없는 상황이었지만 이런 점을 철저히 무시했고, 과거 성공에만 심취하여 자신의 판단을 맹신하고 주변의 조인은 들으려 하지 않는 큰 실수도 범했다.

창업자들은 J사의 사례를 보면서 『한비자』의 「오두五蠹」 편에 나오는 '세상이 변하면 일도 달라지기에 처리하는 대책도 달라져야 한다世異則事異 事異則備變'는 구절을 되새길 필요가 있다.

알아두면 쓸모있는 경영상식

# 기업의 다각화

기업은 지속적인 성장을 위해서 새로운 제품/서비스로 새로운 시장에 진출하는 다각화를 추진하게 된다. 다각화를 통해 기업은 위험을 분산하고 시장 지배력을 확대함으로써 이익을 극대화할 수 있으며, 경영자는 심리적 만족 및 사적 이익을 증가시킬 수 있다. 기업이 다각화를 추진할 때 앤소프 매트릭스Ansoff Matrix[23]를 활용할 필요가 있다. 앤소프는 기업이 추구하는 제품과 시장 축을 중심으로 각각 기존과 신규로 구분하여 네 가지 성장 전략을 제시하였다. 기존 제품의 기존 시장 진출에는 시장침투 전략을, 기존 제품의 신시장 진출에는 시장개척 전략을, 신제품의 기존 시장 진출에는 제품개발 전략을, 새로운 제품이 새로운 시장으로 진출 시에는 다각화 전략을 사용하는 것이 효과적이다.

**① 시장침투 전략**

기존 시장에서 기존 제품이나 서비스를 더 많이 제공하여 시장 점유율을 확대할 수

〈그림 5〉 앤소프 매트릭스

| | 기존 제품 | 신제품 |
|---|---|---|
| 기존 시장 | 시장침투 전략 | 제품개발 전략 |
| 신시장 | 시장개척 전략 | 다각화 전략 |

있는 방법으로, 대대적인 광고와 프로모션을 활용하여 기업의 제품 혹은 서비스에 대한 인지도를 향상시킬 수 있다. 예를 들어 수량 할인, 보너스 카드 및 고객관계관리 등이 대표적인 사례이다. 일반적으로 시장침투 전략은 기업 성장에 있어 가장 안정적인 방법이다.

## ② 제품개발 전략

기존 시장에 신제품을 투입하는 관련 다각화 전략의 일종으로, 신제품 개발로 인해 기업은 신규 고객을 확보할 수 있기 때문에 제품개발 전략은 기업의 경쟁력을 유지하기 위한 필수 전략이다. 대표적인 제품개발 전략 사례로 플래시 메모리 기반의 MP3 플레이어 시장에 하드디스크 기반의 MP3 플레이어를 도입한 애플의 아이폰이 있다.

## ③ 시장개척 전략

기존 제품을 신시장, 신규 고객에게 판매하는 전략으로 제품의 공략 시장을 조정하거나 다른 고객층을 목표로 삼는 전략이다. 따라서 경쟁사의 고객을 유인하거나 동일 제품을 다른 용도로 활용하게 되는데, 북극지방에 냉장고의 새로운 용도를 소개하며 판매하는 것이 대표적인 사례이다.

## ④ 다각화 전략

다각화에는 수평적 다각화, 수직적 다각화, 집중적 다각화, 복합적 다각화의 네 가지 방법이 있다. 이를 추진하기 위해서는 새로운 기술, 생산시설, 능력 등이 필요하기 때문에 앤소프 매트릭스 중 가장 리스크가 큰 전략이다. 예를 들어 맥주 제조업체가 청량음료 시장에 진출하는 수평적 다각화를 추진하다가 오히려 기존 맥주 브랜드 이미지에 악영향을 줄 수 있다. 반면에 체계적인 다각화로 인해 기업은 다수의 계열사를 안정적으로 경영할 수 있다.

# 대기업의 협력업체는
# 때론 독을 든 성배와 같다

|

태국, 라오스 등의 동남아 관광 상품 중에 '코끼리 트래킹'이라는 것이 있다. 걸어서 관광하기 힘든 밀림지역을 코끼리 등에 올라타 편안하게 트래킹을 하는 것이다. 관광객들을 등에 태울 수 있게 코끼리를 조련하는 과정에서 코끼리에게 고통을 가한다고 비난을 받고 있지만, 밀림 숲을 편안하게 즐길 수 있는 방법으로 이만한 것이 없는 것도 사실이다.

여러 가지 위험요소를 피해야 한다는 점에서 험난한 밀림 숲을 여행하는 것과 사업은 유사점이 많다. 다행히 코끼리를 타고 밀림을 헤쳐 나간다면 좋겠지만 그렇지 않다면 고생은 자명해 보인다.

그런데 사업을 할 때도 코끼리 등에 편히 타고 이동할 수 있는 방법이 있다. 바로 대기업의 협력업체(벤더)가 되는 것이다. 즉 대기업의 협력업체가 되어 대기업이 이끌어주는 대로 사업을 하면 된다. 하지만 이 경우에도 리스크는 존재하는데, 코끼리를 내 마음대로 조정하지 못한다는 것이다. 오히려 코끼리에게 내 목숨을 맡겨야 하는 상황이 발생한다.

다음에 소개할 K사는 한때 코끼리를 타고 한껏 잘 나갔으나, 코끼리가 쓰러지면서 심각한 타격을 받은 사례이다. 이를 통해 대기업의 협력업체가 태생적으로 안고 있는 리스크에 대해 생각해보자.

## 대기업, 너는 내 운명

1991년 설립된 K사는 설립 초기 금속가공물을 제작하다가 굴삭기, 중장비 부품 및 압력탱크 등의 플랜트 구조물로 주 제품을 확대하였다. 특히 OEM 방식으로 굴삭기를 두산인프라코어에 납품하면서 K사는 고속 성장하게 되었다. 이후 2008년 특장차를 생산하던 자회사를 합병하고 당진에 대규모 제조 공장을 증설하면서 사세를 확장하였다. 대량 생산능력을 갖추게 되자 K사는 레미콘믹서, 냉장/냉동 탑차 등의 특장차 역시 OEM 방식으로 현대자동차에 납품하였다. K사의 포트폴리오를 살펴보면 건설 시황에 민감한 굴삭기 및 중장비 부품 사업의 변동성을 특장차 및 플랜트 구조물로 보완하는 구조였다. 거기에 주요 거래처로 두산인프라코어와 현대자동차를 확보하고 있어 안정적인 사업 기반을 보유하고 있었다.

2009년 글로벌 금융위기로 인해 K사의 실적은 다소 주춤했으나, 2010년 중국의 SOC 관련 투자가 증가하면서 실적이 개선되기 시작하였다. 중국에 진출한 두산인프라코어로부터 굴삭기 및 중장비 부품의 주문이 증가하면서 매출액은 2010년 921억 원, 2011년 1,054억 원, 2012년 1,105억 원에 이르게 되었다. 또한 영업이익률은 2010년 6.3%, 2011년 6.7%, 2012년 6.9%로 꾸준히 향상되고 있었다. 모든 것이 순조로워 보였다.

하지만 2012년 하반기부터 중국 건설투자가 얼어붙기 시작하였다. 중국 내 굴삭기 시장이 역성장하고, 중국 업체들의 급성장으로 인해 두산인프라코어의 중국 판매량이 감소하면서 급기야 두산인프라코어는 2012년과 2013년 연속으로 영업적자를 기록하였다.

두산인프라코어의 실적 악화는 K사에 직격탄을 날렸다. K사의 굴삭기 및 중장비 부품 사업부의 매출액은 2011년 619억 원에서 2012년 556억 원, 2013년 503억 원, 2014년 271억 원으로 감소하였다. 2014년 매출액은 2011년에 비해 44% 수준으로 축소되었다.

중장비 사업부의 매출 감소를 타개하고자 레미콘믹서, 평판트레일러, 캠핑카 등의 특장차 사업부와 플랜트 구조물 사업부의 매출을 확대시키면서 K사 전체 매출액은 2014년까지 유지되었다. 하지만 이익률이 낮은 캠핑카 사업의 출혈 경쟁으로 인해 2014년부터 K사는 영업적자를 기록하게 되었다. 2014년 매출액은 1,215억 원을 달성하였으나, 영업이익률은 -24.7%, 2015년 매출액은 592억 원으로 급감하였고, 영업이익률은 -28.7%로 더욱 악화되었다. 결국 자금 경색이 심각한 수준에 이르자 K사는 2014년 12월 법원에 기업회생을 신청하였다.

두산인프라코어에 대한 K사의 매출 의존도는 50%를 초과한 상태였기 때문에 두산인프라코어의 실적이 고스란히 K사의 실적으로 연결되었다. 일반적으로 대기업의 협력업체는 대기업과 운명공동체가 될 수밖에 없다. 요컨대 대기업의 흥망에 따라 협력업체의 운명도 갈린다고 할 수 있다.

기술창업기업이 대기업의 협력업체가 되면 납품대금을 안정적으로 회수할 수 있고, 대량 수주를 확보할 수 있어 안정적이면서도 동시에 급속하게 외형을 성장시킬 수 있다. 뿐만 아니라 대기업의 협력업체가 되었다는 사실 자체만으로도 기술창업기업의 외부 인지도를 향상시킬 수 있으며, 대기업과의 공동개발을 통해 첨단기술을 확보할 수 있다. 즉 대기업의 납품업체가 됨으로써 그렇지 못한 경쟁기업들과 격차를 벌일 수 있다.

하지만 대기업의 협력업체라는 것은 동시에 대기업에 종속된다는 것을 의미한다. 따라서 대기업의 업황에 따라 협력업체의 운명이 달라질 수 있다. 특히 대기업의 상황이 악화되는 경우 수많은 협력업체들이 연쇄 부도가 날 수 있다. 2017년 7월 STX조선해양은 기업회생절차를 종료하였지만, 기업회생 신청 당시에는 협력사 약 500여 개사가 사실상 도산 상태에 놓이기도 하였다.[24] 이뿐만이 아니다. 협력사는 대기업에 비해 교섭력이 열악하기 때문에 대기업의 요구조건을 무조건 받아들여야 하며, 따라서 고수익을 취하기 어렵다. 협력업체들에게는 영업이익률이 3%를 넘길 수 없는 일종의 '3% 룰'이 존재한다.[25] 또한 대기업의 결정에 따라 언제든 경쟁사로 협력업체가 교체될 수 있고,[26] 기업의 기술노하우가 경쟁사로 유출될 수도 있다. 특히 K사처럼 대기업에 대한 매출의존도가 높을 경우, 자체적으로 신규 사업을 준비하지 못해 낭패를 볼 수 있다.

국내에서 기술창업기업을 단기간에 급성장시킬 수 있는 가장 좋은 방법 중 하나는 대기업의 1차 협력업체가 되는 것이다. 실제로 코스닥 시장에 상장된 많은 기업들이 대기업의 1차 협력업체들이다. 하지만 대기업에 대한 매출 의존도가 높을수록 대기업의 매출액 정체 혹은 쇠퇴에 따른 영업실적 악화, 협력업체 변경 가능성, 대기업의 경영 간섭 등의 사업적 리스크가 반드시 수반된다는 사실을 명심해야 한다. 코끼리가 영원할 수 없고, 오히려 코끼리에서 내가 떨어질 수도 있다는 사실을 명심하자.

# M&A의
# 빛과 그림자

ㅣ

일반적으로 기술창업기업이 코스닥에 상장된다는 것은 그 기업이 성공적으로 성장했다는 것을 의미한다. 그런데 기술창업기업이 코스닥에 상장되기까지는 시간이 너무 오래 걸린다. 한국거래소에 따르면 2010년 기준 기업공개에 소요된 평균 기간이 14년 걸리는 것으로 조사되었다.[27] 그것은 곧 기술창업기업을 성공적으로 성장시키기 위해서는 장장 14년이 필요하다는 의미이다.

그럼 혹시 단기간에 기업을 키울 수 있는 방법이 있을까? GE, HSBC, 켈로그Kellogg's와 같은 세계적인 다국적기업, SK 그룹과 한화 그룹에서 그 해답을 찾을 수 있다. 이들은 인수합병Mergers & Acquisitions을 기업의 성장 동력으로 적극 활용했다. GE의 전 회장 잭 웰치John Frances Welch Jr는 10년의 재임 기간 동안 무려 615개의 기업을 인수하였다. HSBC는 전 세계의 다양한 금융기관을 인수하여 72개 국가, 6,100여개의 지점망을 거느린 세계 최대 규모의 금융기관으로 성장하였다. SK가 인수한 유공, 한국이동통신, 하이닉스는 SK 그룹의 주력 계열사가 되었으며, 한화는 방산, 석유화학, 태양광 분야 기업들을 인수합병함으로써 그룹의 경쟁력을 향상시켰다.

하지만 맥킨지McKinsey & Company는 2001년 M&A 현황 보고서에서 193개의 인수기업들 중 65~70%가 주주가치 증대에 실패했으며, 40%는 시너지 달성에 실패했다고 분석했다.[28] 실제로 인수합병은 기대에 비해 실망스러운 결과로 마무리되는 경우가 비일비재하다. 해외에서는 AOL과 타임워너 간의 합병, 질레트Gillette의 지역방송국 합병이 실패하였으며, 국내에서는 신호그룹과 거평그룹이 무너지고 말았다.

인수합병의 실패 사유로는 '인수 후 통합PMI; Post-Merger Integration' 실패가 대표적이다. 글로벌 컨설팅사인 올리버 와이만Olyver Wyman은 2012년 Post Merger Integration 설문 보고서에서 40%의 최고경영층이 PMI 프로세스의 실패로 인해 인수합병이 실패했다고 발표했다.[29] 국내 중소기업의 인수합병의 효과가 기대 이하로 나타난 원인 중 PMI 실패가 38.5%를 차지하는 것으로 나타났다.[30] 특히 기술창업기업의 경우 대기업에 비해 규모나 경제적인 한계로 PMI 단계에서 더 어려움을 겪을 수밖에 없는데, 인수 후 운용 전략 부재와 경영자의 역량 부족으로 PMI에 실패한 L사가 대표적이라 하겠다.

## 1 + 1 = 0

1990년대 후반 중국 자동차 산업이 급성장하던 시기에 L사 창업자는 중국에서 자동차 타이어 성형용 금형을 제조 및 오버홀 overhaul(기계, 엔진 등을 분해 및 복원 수리하는 것)하는 기업을 설립하여 큰 부를 축적하였다. 그리고 이를 기반으로 2005년 국내에서도 같은 업종의 중소기업을 설립하여 경영하고 있었다. 이 회사는 설립된 2005년을 제외하고 2006년부터 2009년까지 평균매출액이 20억 원 수준으로 비교적 안정적으로 운영되고 있었다.

그러던 차에 2008년 자동차용 알루미늄 휠을 제조하던 L-1사가 노조의 전면 파업과 사측의 직장폐쇄로 인해 법원으로부터 파산 선고를 받자 L사 창업자는 L-1사를 인수하기 위해 L사를 설립했다. 기존에 경영하던 중소기업과 L사의 납품처가 동일했기 때문에 L사 창업자는 두 기업의 M&A로 사업적 시너지가 발휘될 것으로 예상하였다. 이후 L사는 목표한 대로 L-1사를 법원으로부터 낙찰 받아 인력, 특허권 및 유형자산 등을 법적으로 인수하여 두 회사를 합병하는 데 성공했다. 하지만 L사 창업자는 여기서 만족하지 않았다. 규모의 경제를 완성시키기 위해 L-1사의 경쟁사였던 L-2사와 L-3사(L-2사와 L-3사는 동일 대표자에 의해 경영되던 관계기업)를 2009년, 2010년 각각 인수하여 자동차용 알루미늄 휠을 제조하는 3개사(L사, L-2사, L-3사)를 동시에 경영하게 되었다.

〈표 7〉에 나타난 바와 같이 L사 창업자는 2008년 11월부터 2010년 3월까지 1년 4개월의 비교적 짧은 기간 동안에 알루미늄 휠 제조사 세 곳을 인수하였다. 2010년 당시 국내 알루미늄 휠 업체들의 연간 총 생산량은 2,300만 개[31]였으며, L사 기업군의 생산량 259만 개는 국내 생산량의 11%에 해당하는 것으로 추정되었다. 알루미늄 휠 제조업은 산업 특성상 대규모 시설투자와 함께 완성차 업체들의 요구사항을 충족시킬 수 있는 우수한 품질력을 필요로 했기 때문에 신규 업체의 진입장벽이 비교적 높은 산업으

〈표 7〉 L사 기업군의 설립일 및 피인수일

| 회사명 | 설립일 | 피인수일 | 비고 |
|---|---|---|---|
| L사 | 2008년 10월 | | – L-1사는 L사에 흡수합병되었음. |
| L-1사 | 1997년 1월 | 2008년 11월 | |
| L-2사 | 2001년 6월 | 2009년 11월 | – 인수 전 L-2와 L-3사는 관계기업이었음. |
| L-3사 | 2008년 1월 | 2010년 3월 | |

로서, 2010년 기준 L사를 비롯한 4개 업체들이 국내 시장을 과점하고 있었다.

2010년 L사 기업군의 생산량은 업계 4위로 '규모의 경제' 전략이 성공한 것처럼 보였다. L사 기업군의 매출액은 2009년 785억 원에서 2010년 1,772억 원, 2011년 2,089억 원으로 급증하고 있는 추세였다. 반면에 인수 이후 재무 상황은 지속적으로 악화되고 있었다. L사는 2009년 이후 2012년까지 매출액이 꾸준히 증가하였으나, 매년 영업손실과 순손실이 발생하였으며, 급기야 2012년부터는 자본 잠식에까지 이르게 되었다. L-2사 및 L-3사의 사정도 비슷했다. 특히 L-2사와 L-3사는 2010년에서 2011년 사이 비교적 양호한 영업이익을 기록하였으나, 2012년과 2013년에 대규모의 영업손실 및 순손실이 발생한 점으로 볼 때, 2010년과 2011년 회계를 분식 처리한 것이 아닌지 강하게 의심된다. 결국 2009년 인수 이후 2013년 L사가 기업회생절차에 들어갈 때까지 L사는 실질적으로는 매년 손실이 발생했던 것으로 추정된다. 이렇게 지속적으로 손실이 발생했음에도 불구하고 5년간 기업을 유지하기 위해 L사 창업자는 개인 재산 약 100억 원을 투자하였으니 개인적인 손해도 막대하였다.

L사 창업자는 기존 타이어 금형에 신규 제품인 알루미늄 휠을 추가하려는 범위의 경제Economics of scope와 알루미늄 휠을 제조하는

세 개의 기업들을 롤-업<sup>Roll-up</sup>(소규모의 동일 업종 기업들을 인수합병하여 성장하는 전략)하면서 규모의 경제<sup>Economics of scale</sup>를 동시에 달성할 수 있을 것으로 기대했다. 또한 기존 사업과 신규 사업의 납품처가 동일하여 사업 간의 시너지가 발생할 것으로 내다봤다.

하지만 1+1이 2 혹은 3이 아니라 0이 될 수도 있다. 합병 전 L-1사와 L-2사(L-2사와 L-3사는 관계기업)는 치열한 경쟁관계였는데, 합병 후 각 사업부의 간부들이 내부 경쟁에서 우위를 선점하기 위해 중복 투자를 진행하여 투자비용이 감소하기는커녕 오히려 증가하고 말았다. 또한 과거 L-1사는 노사갈등으로 인해 직장이 폐쇄된 적이 있었기 때문에 L사 창업자는 노사 간의 화합에 역량을 집중했어야 했다. 하지만 L사 창업자는 이에 관심을 기울이지 않았고 이로 인해 종업원들의 생산성은 악화되었다. 게다가 기존에 경영하던 타이어 금형 제조사에 비해 L사가 인수한 계열사들은 규모가 크고, 이를 운영하기 위한 운영비용이 예상보다 증가하였다. 구조조정을 통해 조직을 통합하고 역할을 재조정하여 운영비용을 절감하는 노력을 게을리한 것이다. 즉 규모의 비경제가 발생한 것이다.

기업 내부 요인들뿐만 아니라 기업 외부 환경도 L사에게는 부정적으로 흘러가고 있었다. 당초 인수 목적으로 L-1사 제품과 L-2사의 납품처가 동일하여 사업적 시너지를 기대하였지만, 동일 매출처인 타이어 제조사가 그룹 유동성 위기로 인한 워크아웃 진행, 노사분규 등으로 영업활동이 부진해지면서 납품 단가 인하 압력이 지속적으로 증대되었다. 따라서 이익률이 합병 후에 지속적으로 하락하고 말았다. 계란을 한 바구니에 모두 담았는데, 바구니가 엎어진 꼴이 되었다. 이 외에도 L사의 실패에는 창업자의 역량 부족이 크게 작용한 것으로 판단된다. L사 창업자는 기업 확장에만 관심이 있었을 뿐 이를 운영할 수 있는 역량이 부족했다. 즉 비대해진 체구에 적합한 운용능력을 갖추지 못하였다.

『맹자』의 「고자상告子上」에 '배수거신杯水車薪'이란 사자성어가 나온다. 물 한잔으로 수레 가득 실린 땔나무의 불을 끄려는 것처럼, 자신의 능력은 생각지도 않고 미치지 못하는 것에 무모하게 덤벼들어 낭패를 볼 수 있다.

# M&A 시 유의사항

기본적으로 M&A는 기업 경영권의 거래이므로 매수자와 매도자가 존재하는데, M&A를 이해하기 위해서는 특히 매수자(인수자)의 유형에 대한 이해가 반드시 필요하다. 매수자 측면에서는 인수 추진 목적에 따라 M&A 추진 전략이 달라질 수 있고, 매도자 입장에서는 윈도우 쇼핑형 인수자를 가려낼 수 있어야 한다.

M&A 매수자는 그 목적에 따라 대략 여섯 가지 유형으로 나뉠 수 있다.

① **전략적 인수자**

장기적인 경영 전략적 차원에서 사업의 다각화 또는 자산 운용의 효율화를 위해 나서는 인수자로서 인수 시너지와 안정적인 경영권 확보에 관심이 많다.

② **사업 확장을 위한 인수자**

전략적 인수자의 한 유형으로서 경쟁기업 또는 전후방 연관 산업에 속한 기업이 이에 해당되며 가장 흔한 인수자이다. 가장 공격적으로 인수에 나서는 특징이 있다.

③ **재무적 투자자로서의 인수자**

기업의 경영에는 관심이 없고 오로지 자본 이득만을 목적으로 인수하는 인수자이다. 이들은 인수한 기업을 추후 재매각하여 자본이득을 취하려고 한다. 따라서 직접 경영권을 확보하되 유능한 경영주체와 공동인수를 통해 경영을 맡

기고 적절한 시기에 수익을 실현하는 특징이 있다. 이러한 인수자 그룹은 IB, LBO Firm, 바이아웃펀드, 벌쳐펀드, PEF 등이 대표적이다.

④ **공동인수자 컨소시엄**

대규모 M&A의 경우에는 재무적 인수자 및 인수금융 제공자인 금융회사들이 공동인수단 컨소시엄을 구성하여 인수전에 뛰어든다.

⑤ **윈도쇼핑 인수자**

남의 사업을 엿보거나 사업 아이디어나 경쟁사의 정보를 획득하기 위한 정보 사냥꾼으로서의 인수자이다. 이들은 완벽한 M&A 구조를 요구하는 과정에서 정보 욕구가 가장 많은 것에 비하여 거의 실제 인수에까지 나서지는 않는다.

⑥ **투기적 인수자**

재무적 인수자의 한 유형으로서 쓰레기 더미에서 진주 캐기 방식의 투자를 하는 인수자이다. 이러한 유형의 인수자는 사양사업을 헐값에 사들이는 방식으로 투자를 하거나 경기 침체기에 기업구조조정 시장에서 사업이 망가졌지만 자산가치가 높은 기업 등에 관심을 가지고 리스크를 안고 인수에 나서는 유형이다. 이러한 인수자는 공격적인 경영을 통한 기업회생 과정에서 막대한 수익을 올리기도 한다.

# 주식상장이
# 기업의 목표가 될 수는 없다

정권이 바뀌고, 장관이 교체될 때마다 TV에서는 고위 공직후보자 인사 청문회 소식으로 떠들썩하다. 청렴의 의무를 다해야 하는 공무원을 선발하는 것이니 만큼, 각 인물의 능력만큼이나 살펴봐야 하는 것이 도덕성의 문제이다. 이 때문에 인사 청문회 도중에 논문 표절, 위장 전입, 부동산 투기 등의 도덕적 흠결이 드러나서 낙마하는 경우를 심심치 않게 목격하게 된다. 공직후보자가 되기까지 40~50년의 세월 동안 자신의 경력을 관리하였지만, 단 한 번의 실수로 인해 화려했던 경력이 한순간 무너지는 경우가 많다. 그런데 이는 비단 개인뿐만 아니라 기업에게도 해당된다.

국내에서 300억 원 수준의 매출규모를 가진 중소기업은 일반적으로 코스닥에 상장되며, 그 기업의 창업자는 성공한 기업가로 인정을 받게 된다. 사실 성공적인 기술창업기업의 창업자는 불려다니는 곳도 많고, 여기저기서 감투를 주기도 한다. 국내에서 기술창업기업을 건실한 중견기업으로 성장시키는 것이 어렵기 때문에 성공한 창업자에게는 사회적으로 존경을 표하고 있는 것이다.

일반적으로 기업이 중견기업에 이르게 되면, 기업은 외부적으로는 시장 내에서 안정적인 포지셔닝<sup>positioning</sup>으로 상당한 경쟁력을 갖추고 있으며, 내부적으로는 내부통제시스템을 통해 기업이 운영되고 있을 가능성이 높다. 또한 이런 기업은 그 성장 과정에서 몇 번의 위기를 극복한 사례가 분명 있기 때문에 위기대처 능력 또한 갖추었을 것으로 생각된다. 이렇게 대내외적으로 완벽하다면 이런 기업들은 절대 쓰러지지 않는 것이 당연할 것처럼 보인다. 하지만 실제로는 그렇지 않는 경우가 종종 발생한다. 왜 그런 일이 발생할까? 경쟁력 있는 제품과 서비스, 내부통제시스템, 위기대처 능력으로도 극복할 수 없는 난관은 무엇일까? 그중에 하나가 바로 도덕성이다. 그런 점에서 M사의 사례는 우리에게 시사하는 바가 크다.

## 도덕성을 버리는 순간 기업도 쓰러진다

1996년에 설립된 M사는 창업 초기 메디슨의 지원을 받아 병원용 혈액분석기를 개발하여 러시아에 수출하였으나, 제품 불량으로 인해 큰 시련을 겪었다. 하지만 이후 혈액분석기 개발 과정에서 습득한 혈당 측정기술을 특화해 개인용 혈당측정기를 개발하여 국내 진단의료기기 업계에서 승승장구할 수 있었다. M사는 개인용 혈당측정기, HbA1c(당화혈색소) 측정기, 콜레스테롤 측정기 등을 전 세계 100여개 국에 수출하여 2013년에는 매출액 509억 원을 기록하기도 했다. 또한 2007년 코스닥에 상장된 뒤 '30대 미래 세계화 기업', '코스닥 히든챔피언'과 '월드클래스 300'에 선정되는 등 강소기업으로 성장하였다.

하지만 기업이 유명세를 타자 창업자는 역량이 아니라 외양을 부풀리는 데 몰두하기 시작했다. 그는 주가를 높이고 정부 지원을 받기 위해 2009년부터 2014년까지 지급능력이 없는 미국 업체에 제품을 수출했으며, 그 과정에서 M사의 피해액은 141억 원에 달했다. 또한 창업자가 배우자 명의 회사를 의료기기 포장 외주업체로 선정하고, 포장 단가를 약 세 배 부풀려 M사에 24억 원의 손해를 입히기도 했다.

기업 운영이 어려워지자, 창업자는 자기 돈 한 푼 없이 기업을 사들이는 무자본 인수합병(M&A) 세력을 끌어들였고, 그 과정에서 주가를 조작하였다. 뿐만 아니라 그는 이들과 공모하여 자사주 25만 주를 처분해 약 40억 원을 횡령하는 대범함도 보였다. 또한 기업을 인수한 세력도 회삿돈 130억 원을 빼돌린 뒤 또 다른 세력에게 회사를 넘겼다. 결국 M사는 감사의견 거절과 함께 2016년 코스닥 시장에서 퇴출되었다.

코스닥 시장에 상장된 기업에 문제가 생기면 주주들과 같은 이해관계인뿐만 아니라 사회적으로도 피해가 발생한다. 특히 정보가 부족한 소액 투자자들이 이로 인해 가장 큰 손해를 보고 있다. 이러한 상황을 개선하고 시장의 신뢰도를 유지하기 위해 코스닥 시장은 지난 2009년부터 상장적격성 실질심사 제도를 시행하고 있으며, 이를 통해 상장폐지를 결정하고 있다. 2009년 이후 실질심사를 통해 상장폐지된 기업은 총 87개 사였으며, 그중 45%인 39개의 기업은 횡령배임으로 코스닥 시장에서 퇴출되었다.

필자가 인터뷰한 창업자들 중에는 코스닥 입성을 기업의 목표로 설정한 창업자들이 제법 많았다. 분명 기술창업기업이 코스닥에 상장된다는 것은 객관적으로 성공을 인정 받는다는 것 외에 창업자도 일정한 금전적 대가를 얻을 수 있다. 그 자체가 나쁘다고 할 수는 없으나, 코스닥 상장은 기업의 목표를 이루는 과정에서 얻는 소득물이지 결코 궁극적인 지향점이 되어서는 안 된다.

〈표 8〉 실질심사 사유별 상장폐지 현황 (단위 : 건)

| | 횡령배임 | 회계처리 기준위반 | 영업정지 | 자본잠식 사유해소 | 경영권 변동 | 기타 | 합계 |
|---|---|---|---|---|---|---|---|
| 2009년 | 4 | – | 2 | 5 | – | 5 | 16 |
| 2010년 | 17 | 6 | 1 | 1 | – | 3 | 28 |
| 2011년 | 7 | 1 | 2 | 0 | 2 | 3 | 15 |
| 2012년 | 5 | 3 | – | 2 | 2 | 2 | 14 |
| 2013년 | 2 | 1 | 1 | – | 2 | – | 6 |
| 2014년 | 2 | – | 1 | – | – | – | 3 |
| 2015년 | 2 | – | 3 | – | – | – | 5 |
| 합계 | 39 | 11 | 10 | 8 | 6 | 13 | 87 |

자료 : 코스닥, 실질심사를 통한 시장건선성 개선 지속, 보도자료, 한국거래소, 2016.2.16

코스닥 상장이 최종 목표가 되는 경우에는 이후 경영의 방향성을 잃고 방황하는 경우가 발생할 수 있으며, M사와 같이 주가 조작의 유혹에 빠질 수 있다. 오히려 돈이 목적이라면 코스닥 상장 전후에 기업을 매각하고 경영에서 물러나는 것이 바람직할 것이다. 기업이 코스닥에 상장될 시기에 이르렀을 때 창업자는 창업 당시를 회상하면서 진정으로 자신이 원했던 것이 무엇인지 자문해볼 필요가 있다.

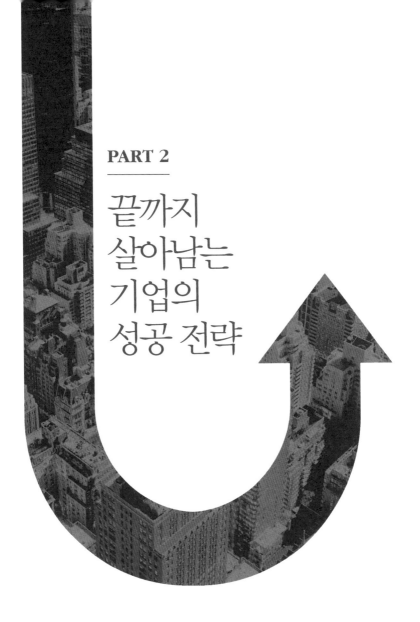

PART 2

끝까지
살아남는
기업의
성공 전략

오랜 세월이 흐른 다음 나는 한숨지으며 이야기하겠지요.
"두 갈래 길이 숲 속으로 나 있었다.
그래서 나는 사람이 덜 밟은 길을 택했고,
그것이 내 운명을 바꾸어 놓았다." 라고

「가지 않은 길」, 로버트 프로스트Robert Frost

# 돌연변이의 생존에
# 필요한 것은 기술

동일한 유전자만이 지속적으로 대물림 된다면 인류는 어떻게 변모될까? 아마도 과거가 연속될 뿐 새로운 변화는 발생하지 않을 것이다. 오히려 인류는 유전자 돌연변이로 인해 변화 · 발전할 수 있었다. 실제로 미국 오리건 대학의 생화학자 켄 프리호다[Kenneth E. Prehoda] 박사는 6억 년 전 발생한 하나의 유전자 돌연변이로부터 인간을 비롯해 현존하는 모든 다세포 생물이 진화할 수 있었다는 연구결과를 발표하였다.[32] 그에 따르면 유전적 돌연변이가 일어나지 않았다면 인간은 물론 거의 모든 다세포 생명체가 현존할 수 없었을 것이다. 요컨대 인류의 진화는 돌연변이로부터 발생했다고 해도 과언이 아니다.

진화의 아이콘 돌연변이는 생물계뿐만 아니라 비즈니스 세계에도 존재하고 있다. 기존 시장 참여자들이 예측하지 못했던 새로운 시장을 창조하는 기술창업기업이 바로 비즈니스 세계의 돌연변이라고 할 수 있다. 지금은 IT업계 강자들이지만 애플, 아마존, 구글 모두 창업 초기에는 돌연변이에 지나지 않았다. 하지만 이들은 이전에 존재하지 않던 시장을 창조함으로써 현재의 영광스런 지위를 쟁취할 수 있었다. 그런 그들이 신규 시장을 개척할 수 있었던 핵심 요인은 바로 '기술'이었다.

혁신기술은 기존 기술로는 만족시킬 수 없었던 소비자의 새로운 수요를 충족시켜 줄 수 있기 때문에 신규 시장을 창조할 수 있다. 그래서 대다수의 기술창업기업들이 혁신기술에 주목할 수밖에 없다. 이런 점에서 볼 때 일반창업기업에 비해 기술창업기업은 생존력과 수익성 측면에서 더 우수할 것으로 예상해볼 수 있다.


## 기술창업이 답이다

우선 생존능력을 검증하기 위해 통계청의 일반창업기업(신생 기업)의 생존율[33]과 기술보증기금이 보증 지원한 기술창업기업(기술혁신형 기술창업기업 : 기술보증기금이 지원하는 기술혁신형 기술창업기업은

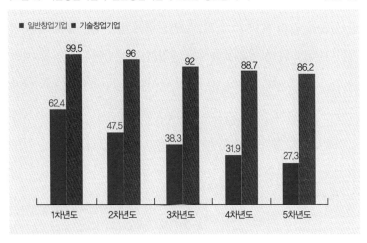

〈그림 6〉 기술창업기업과 일반창업기업의 5년간 생존율 추이 (단위 : %)

특허권, 실용신안권 등의 지식재산권을 보유하거나 연구개발 성과를 사업화
하는 기업으로 일정 수준의 기술사업화 능력을 갖추고 있음)의 생존율[34]을
각각 비교해보자. 두 기업군 모두 2010년에 창업한 기업들로 이
들에 대해 각각 5년간 생존율을 비교해보았다. 이에 따르면 창업
1년차의 일반창업기업과 기술창업기업의 생존율은 각각 60.1%,
99.5%였으며, 5년차에는 일반창업기업 27.3%, 기술창업기업
86.2%로 나타났다.

각 연도별로 비교해볼 때 기술창업기업의 생존율이 일반창업
기업에 비해 절대적으로 높다. 또한 기술창업기업의 생존율이 5
년간 99.5%에서 86.2%로 13.3% 감소되는 동안 일반창업기업은

62.4%에서 27.3%로 35.1% 감소하고 있어, 일반창업기업의 5년 간 생존율 감소 폭이 더 크다. 일반창업기업의 생존율 감소 폭이 크다 보니, 기술창업기업과 일반창업기업의 생존율 격차는 시간 이 갈수록 벌어져, 1년차 37.1%에서 5년차 58.9%까지 늘어나게 된다.

기술창업기업과 일반창업기업의 수익성을 살펴보자. 두 기업 에 대한 수익성을 직접 비교한 자료가 없기 때문에 여기서는 기 술창업기업과 유사한 벤처기업(기술력 기반으로 창업한 기업으로 기술 창업기업의 대부분은 벤처기업임)과 일반중소기업의 영업이익률을 분 석해보기로 하자.

일반적으로 벤처기업은 혁신기술을 기반으로 모험적인 시장에 도전하기 때문에 수익성이 낮을 것으로 오판하기 쉽다. 하지만 벤처기업실태조사[35]에 따르면 2011년부터 2015년 사이 벤처기 업의 영업이익률은 5% 수준인 반면에 일반중소기업의 영업이익 률은 3% 수준을 보였다. 즉 지난 5년간 벤처기업의 영업이익률 이 일반중소기업보다 대략 2%가량 높았다. 그 격차가 가장 낮았 던 2015년조차 벤처기업의 영업이익률 4.6%는 일반중소기업 영 업이익률 3.6%보다 1% 더 높았다. 이를 통해 우리는 일반적인 선입견과 달리 실제로는 벤처기업의 수익성이 일반중소기업보다 우수하다는 것을 알 수 있다.

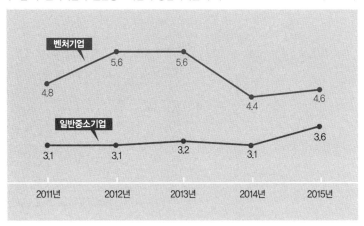

〈그림 7〉 벤처기업과 일반중소기업의 영업이익률 추이 (단위 : %)

벤처기업의 수익성이 일반중소기업에 비해 우위에 있는 데에는 여러 요인이 있을 수 있다. 이들 요인 중에 벤처기업의 핵심인 기술과 연결되어 있는 경영지표가 바로 매출액 대비 연구개발비율이라고 생각된다. 따라서 벤처기업과 일반중소기업의 연구개발비율을 비교해봄으로써 차이점을 확인할 수 있다.

벤처기업실태조사에 따르면 2011년부터 2015년 사이에 벤처기업의 연구개발비율은 2.4%에서 3.2%였으나, 일반중소기업의 연구개발비율은 0.6%에서 0.8%로, 두 집단의 격차는 대략 2%가량 격차가 벌어졌다. 즉 벤처기업의 연구개발비율이 일반중소기업에 비해 2% 이상 높은 것을 알 수 있다.

기술창업기업을 대표하는 벤처기업은 일반중소기업에 비해 연

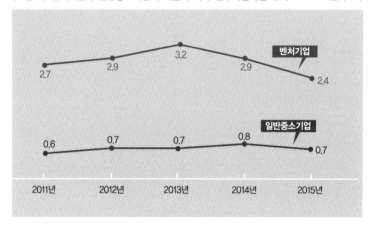

〈그림 8〉 벤처기업과 일반중소기업의 매출액 대비 연구개발비율 추이　(단위 : %)

구개발에 적극적으로 투자함으로써 경쟁자들과 차별화된 혁신기술을 확보할 가능성이 크다. 이를 통해 신규 시장을 창출하고 기존 시장에서 경쟁자들과 비교하여 우위를 점할 수 있기 때문에 일반중소기업에 비해 벤처기업의 생존율과 수익성이 양호한 것으로 추측된다.

　일반적으로 기술창업기업의 목표 시장은 초기 혹은 고속성장기의 시장인 반면에, 일반창업기업은 사업 아이템의 검증이 완료된 안정기 혹은 정체기의 시장을 목표로 한다. 따라서 일반창업기업은 기술창업기업에 비해 레드오션 시장에서 경쟁하고 있을 가능성이 높다. 또한 일반창업기업의 시장은 진입장벽이 낮은 만큼 진입과 퇴출이 모두 손쉽게 이루어질 것이다. 결국 기술의 유무에 따라 두 집단의 주력 업종과 시장의 성숙도가 결정되는데, 이로 인해 생존율과 수익성에 영향이 발생한다고 판단된다.

기술개발을 수행하기 위해서는 비용, 시간, 인력 등의 자원과 사업화 경험이 필요하다. 특히 기술적 난이도가 높은 혁신기술일수록 개발에 필요한 자원과 경험은 증가한다. 그렇다면 자원과 경험이 부족한 기술창업기업은 어떻게 이를 극복할 수 있을까? 여러 대안 중 하나는 골드코프Goldcorp처럼 오픈이노베이션open innovation을 통해 외부에서 기술을 도입하는 것이다.

## 기술을 아웃소싱outsourcing하라 36

캐나다의 금광 회사인 골드코프는 레드 레이크Red Lake 광산에서 50년 동안 금을 채굴하였으나, 2000년 광산의 생산성이 저하되면서 위기를 맞았다. 2000년 당시 레드 레이크 광산의 채굴 비용은 온스당 360달러로 급증한 상태였으며, 많은 비용을 투입하더라도 연간 5만 온스밖에 생산할 수 없었다. 대량의 금광이 광산 깊숙이 묻혀 있을 것으로 추정은 되었지만, 회사 소속의 지질학자들은 정확한 매장량과 위치를 확인하지 못하고 있었다. 당시 금에 대한 시장 수요마저 감소하고 있었기 때문에 이런 시황이 지속되면 골드코프는 사업을 포기해야 하는 상황이었다.

이때 골드코프의 최고경영자 롭 맥이웬Rob McEwen은 전혀 예상치 못한 방식의 해결책을 내놓았다. 그는 회사가 1948년부터 보유하고 있던 지질 데이터를 회사 홈페이지에 전격적으로 공개하고, 공개된 데이터를 기반으로 새로운 금광의 위치를 알려주는 외부 전문가에게 57만 5,000달러의 상금을 주겠다고 약속했다. 롭 맥이웬이 획기적인 발상을 할 수 있었던 계기는 1999년 MIT에서 개최된 한 강연회 덕분이었다. 그는 강연회에서 리누스 토발즈Linus Benedict Tovalds와 오픈소스 개발자들이 만들어낸 리눅스에 대한 이야기를 감명 깊게 들었다. 이후 리누스가 무료로 소스를 공개했던 것처럼, 직원들이 광산에서 금을 찾지 못한다면 탐사 정보를 공개해 그것을 가능케 할 외부 전문가를 찾는 방법을 택한 것이다.

2000년 3월 개최된 '골드코프 챌린지' 콘테스트는 인터넷을 통해 빠르게 퍼져나갔고, 50개국의 1,000명이 넘는 전문가들이 데이터를 분석하기 시작했다. 참가자들은 레드 레이크 지역에 대해 110개의 금광을 찾아내었는데, 그중 80% 이상에서 상당량의 금이 산출되었다. 실제 콘테스트 개최 이후 800만 온스의 엄청난 양의 금을 발견하였다. 롭 맥이웬은 콘테스트를 통해 금광 탐사 기간을 2년에서 3년 정도 단축한 것으로 추정하였다.

리누스가 오픈이노베이션을 도입하여 큰 성공을 거두자 듀폰<sup>DuPont</sup>, P&G, 이베이<sup>eBay</sup> 등의 글로벌 대기업들이 이 방식을 통해 기술개발을 추진하고 있으며 상업화에 성공한 사례들이 계속 보고되고 있다.

'자식에게 천금을 물려준다 해도 기술 한 가지를 가르치는 것만 못하다.' 『명신보감』의 「훈자訓子」 편에 있는 구절로 자식에게 돈보다는 기술을 물려주라는 의미이다. 즉 삶을 살아가는 데 반드시 갖춰야 할 것으로 기술의 중요성을 강조하고 있다. 앞서 설명한 바와 같이 이 교훈은 사람뿐만 아니라 창업기업에게도 동일하게 적용된다. 요컨대 기술창업기업의 생존율과 수익성이 일반 창업기업보다 높은 것은 바로 기술에 있다.

기술창업기업의 핵심인 기술을 보유하기 위해서는 과거에는 스스로 습득하는 방법 외에는 없었다. 하지만 지금과 같이 기술개발이 활발하고 그에 대한 정보가 공유되는 시대에는 전략적으로 외부기술을 도입하는 방법도 있다. 외부기술의 도입을 통해 기술창업기업은 자원과 경험의 약점을 극복할 수 있다. 다만, 기술사업화를 성공시키기 위해서는 도입된 외부기술을 사업화할 수 있는 내부 역량이 필요하다는 사실을 명심해야 한다.

# 도입기술의 사업화

골드코프는 외부기술을 도입하여 금광 탐사에 필요한 비용과 시간을 단축할 수 있었다. 하지만 외부기술을 도입한 기업들이 모두 기술사업화에 성공하는 것은 아니다. 따라서 기술사업화의 성공에 필요한 알아두면 도움이 될 몇 가지 방법을 소개한다.

① 대학, 국공립연구기관 및 정부출연연구원은 풍부한 기술자원을 보유하고 제공할 수 있는 중요한 보물창고다. 하지만 이들 공공연구기관은 사업주체가 될 수 없기 때문에 직접 기술사업화를 추진할 수는 없다. 따라서 공공연구기관의 첨단기술을 활용한다면 기술창업기업 입장에서는 연구개발 단계를 생략함으로써 비용과 시간을 절약할 수 있다.

② 도입하고자 하는 기술이 특허, 실용신안, 디자인 등의 지적재산권인 경우에는 특허청에서 운영하는 특허정보넷 키프리스(www.kipris.or.kr)에서 지적재산권의 현황을 파악해야 한다. 키프리스를 통해 지적재산권의 소유주를 정확하게 파악할 수 있으며, 등록 전 출원 중인 지식재산권을 검색할 수 있기 때문에 가장 최신의 지적재산들을 확인할 수 있다.

③ 도입하고자 하는 기술이 소프트웨어 및 노하우와 같이 지적재산권이 아닌 경우, 공공연구기관이 자체적으로 운용하는 기술이전 홈페이지를 확인할 필요가 있다. 특히 한국전자통신연구원의 기술이전 홈페이지(itec.etri.re.kr)는 지적재산권뿐만 아니라 소프트웨어, 노하우 등의 기술이전 대상기술들을 제공해 주고 있다.

④ 기술공급기관에서 제공하는 SMK$^{Sales Materials Kit●}$상의 TRL$^{●●}$의 단계를 확인하고 가급적 6단계(파일럿 규모 시작품 제작 및 성능 평가) 이상을 선택하는 것을 권장한다. 다만, 기술공급기관과 도입기업 간에는 눈높이에 차이가 있기 때문에 기술공급기관에서 제시하는 TRL 단계를 무조건 신뢰하는 것은 위험하다.

⑤ 기술창업기업은 공공연구기관에 비해 협상력이 열위에 있고 기술이전 경험이 부족하기 때문에 중개기관으로 기술보증기금을 활용하는 것이 좋다. 기술보증기금은 기술창업기업을 지원하는 대표적인 준정부기관으로 기술도입 협상 단계에서 기술창업기업의 입장을 대변해 주며, 기술도입 및 사업화에 필요한 자금을 지원해 준다.

⑥ 대부분의 경우 공공연구기관으로부터 기술도입 이후 추가 기술개발이 필요하므로, 기술공급기관에서 기술사업화와 연계된 정부 R&D 자금을 연결해 줄 수 있는지 꼼꼼히 살펴보아야 한다.

⑦ 아무리 훌륭한 기술을 외부에서 도입하더라도 상용화시킬 수 있는 역량이 부족하다면 비싼 비용만 지불하게 될 것이다. 설사 무상으로 기술을 이전 받는다 하더라도 역량이 부족한 상황에서 기업이 보유한 자원을 투입하는 것은 결국 낭비가 된다. 따라서 진정한 기술은 사업화 기술이라는 점을 인식하고, 이를 확보하기 전에 외부기술의 이전을 피하는 지혜가 필요하다.

...............................................................................

● 기술 수요자에게 기술을 소개하고 기술 수요자의 관심을 유도하기 위한 기술마케팅 자료
●● 미국 NASA에서 우주산업의 기술투자 위험도 관리의 목적으로 개발된 특정 기술의 성숙도 평가기법으로, 이종기술 간의 성숙도 비교를 위한 체계적인 미터법(1~9단계로 이루어져 있음)

# 1인 기업도 기업이다,
# 경영 프로세스를 갖춰라

|

매출액 201조 원, 자산 262조 원, 종업원 수 9만 3,200명.[37] 이 엄청난 수치들은 2016년 삼성전자가 기록한 것이다. 삼성전자의 매출액 201조 원은 2016년 국내 국내총생산(GDP) 1,637조 원[38]의 12.3% 수준으로, 단일 기업의 실적으로는 분명 엄청난 수준이다. 엄청난 규모의 매출액을 기록하고 있는 만큼 그에 맞게 삼성전자는 방대한 조직으로 구성되어 있다. 삼성전자는 CE[Consumer Electronics], IM[Information technology & Mobile communications], DS[Device Solutions] 부문(반도체 사업부문, DP 사업부문 포함) 등 총 3개의 부문으로 구성되어 있고, 3개 부문 산하에 14개의 지역총괄과 159개의 종속기업이 있다. 매출액과 조직규모로 볼 때 단일 기업인 삼성전자는 대기업 집단과 유사한 수준이다.

이에 비해 기술창업기업의 규모와 조직은 상대적으로 작고 간단하다. 필자가 기술보증기금에 근무하면서 접했던 기업 중 가장 규모가 컸던 엔씨소프트[39]와 삼성전자를 비교해보면, 2016년 매출액은 9,835억 원으로 삼성전자의 0.49%, 자산은 2조 3,609억 원으로 0.9%, 종업원 수는 2,731명으로 2.93% 수준에 불과하다. 중견기업인 엔씨소프트조차 삼성전자와 비교할 때 그 수준이 왜소한데, 일반적인 규모의 기술창업기업은 비교조차 어려울 것이다.

대기업은 기술창업기업에 비해 규모와 조직이 비교하기 어려울 정도로 거대하고 복잡하기 때문에 둘 사이에서 공통점보다 차이점을 찾는 것이 더 쉬울 것이다. 하지만 엄청난 규모의 삼성전자와 종업원 한 명 없는 1인 기업이라도 이 둘 사이에는 누구도 부인할 수 없는 공통점이 하나 있다. 바로 대기업과 기술창업기업 모두 '기업'이라는 것이다. 규모, 조직뿐만 아니라 업종, 업력 등에 상관없이 그들 모두는 기업이다.

성인에 비해 신생아의 신체적 · 지적 능력은 미성숙된 상태이지만 인간으로서 갖추어야 할 신체적 요건이 부족한 것은 아니다. 즉 신생아도 성인과 동일한 신체기관을 갖고 있다. 오히려 신생아는 성인의 축소판으로 보는 것이 타당할 것이다. 같은 논리가 기업에도 적용될 수 있으며, 이런 이유로 대기업과 기술창업기업은 본질적으로 동일하다.

흔히 기업의 목적을 이윤 추구로 오해하는 경우가 있지만, 피터 드러커가 말한 바와 같이 기업은 고객을 창출하고 그들에게 가치를 제공하기 위해 존재한다.[40] 즉 기업은 자본, 인력, 시간, 정보 등의 자원을 고객과 고객의 가치로 변환시키고 그 과정에서 발생한 이윤을 주주, 종업원 및 사회와 공유하게 된다〈그림 9〉 참조). 기업의 이런 일련의 과정을 경영 프로세스라고 하며, 이를 위해 필요한 것이 공급과정 프로세스와 의사결정 프로세스이다〈그림 10〉 참조). 요컨대 보일러를 통해 냉수에서 온수가 만들어지듯이 기업은 공급과정 프로세스와 의사결정 프로세스를 통해 고객을 창출한다.

모든 기업은 본질적으로 동일하므로, 최고 수준의 기업 공급과정 프로세스를 분석하면 그 원리를 이해하는 데 도움이 될 것이

〈그림 9〉 기업의 본질

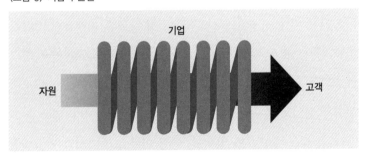

〈그림 10〉기업의 경영 프로세스

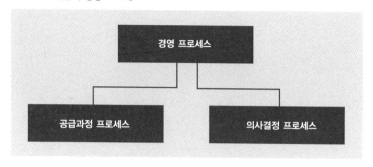

다. 이를 위해 글로벌 전자기업으로서 확고한 지위를 획득하고 있는 삼성전자를 살펴보자. 삼성전자는 공급과정 프로세스를 크게 개발관리, 공급관리, 고객관리, 경영지원관리 등 네 가지 메가 프로세스로 구분하고 있다.[41] 이들 중 공급관리는 구매, 제조, 물류 등 세 가지로 세분화되며, 고객관리는 마케팅, 영업, 서비스 등 세 가지로 세분화된다(〈그림 11〉참조).

일반적인 제조업의 경우, 제품개발이 완료되면 부품 및 원재료를 구매하고 이를 제조하여 제품을 완성한 후 고객에게 제품을 납품한다. 또한 기업은 시장을 분석하여 판매 전략을 수립하고, 고객을 확보하여 제품을 판매하며, 이후 제품에 대한 서비스를 진행한다. 물론 이와는 반대로 마케팅, 영업, 서비스를 통해 고객으로부터 취합된 VOC Voice of Customer를 개발관리, 공급관리로 피드백 feedback해야 한다. 즉 개발, 공급, 고객관리가 일방향이 아니라

〈그림 11〉 제조기업의 공급과정 프로세스

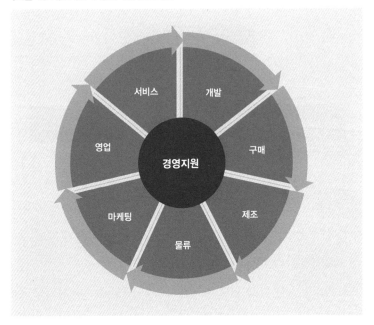

상호 유기적으로 영향을 주고받아야 한다. 마지막으로 경영지원 관리는 개발, 공급, 고객 프로세스들이 효율적으로 운영되기 위해 경영자원을 효율적으로 배분하는 역할을 하게 된다.

필자가 기술보증기금에서 근무하면서 접한 대다수의 기술창업 기업들은 공급관리만 집중하거나 공급관리와 경영지원관리만 운영하고 있었다. 현대인들이 영양분의 부족보다는 영양의 불균형으로 인해 질병이 발생하는 것처럼 기업 또한 경영 프로세스의 불균형으로 인해 위험해지는 경우가 있다. 특히 이공계 출신의 창업자들 중에는 경영 프로세스 전반이 아닌 공급관리에만 집중하는 경우가 종종 발견되곤 한다. 이와 관련하여 필자가 경험한 N사의 사례를 소개하고자 한다.

## 균형적인 경영 프로세스

N사 창업자는 전자공학을 전공한 이공계 출신으로 정부출연연구소에서 연구원으로 재직하다 자신이 개발한 아이템을 사업화하기 위해 2010년 N사를 창업하였다. N사의 주요 제품은 가전제품과 산업용 제조장비를 제어하는 임베디드 시스템embedded system에 관한 것으로 설립 당시에는 유망한 사업 분야였다. 소비자의 만족도를 개선하기 위해 하드웨어 기기들에 소비자들이 원하는 기능을 손쉽게 구현하기 위해서는 임베디드 시스템이 반드시 필요했다. 임베디드 시스템은 소프트웨어와 하드웨어에 대한 지식과 경험이 동시에 필요한 영역으로 기술개발의 난이도가 높아 이공계 출신의 창업자가 진출하기에 적합한 사업이다.

경쟁자들이 손쉽게 모방하기 어려웠기 때문에 창업 초기부터 N사의 실적은 양호하였다. 2010년 매출액은 1억 원 수준이었으나, 2011년 5억 원, 2012년 12억 원, 2013년 24억 원으로 매출액이 매년 성장하고 있었다. 특히 2012년 대기업 납품에 성공하면서 고속 성장을 하기 시작하였다. 하지만 2014년부터 대기업으로부터 수주액이 급감하면서 2014년 7억 원, 2015년 3억 원으로 매출액이 역성장하였다. 제품에 불량이 있거나 경쟁사가 출현한 것도 아니었다.

문제는 시장 상황에 있었다. 2014년부터 관련 제품에 대한 소비자들의 수요가 감소하자 대기업은 발주량을 줄일 수밖에 없었다. 계속해서 성장하던 시장이 침체기로 접어든 것이다. 마케팅, 영업, 상품기획 등의 부서를 보유한 대기업은 침체기를 예상하고 관련 투자를 축소하고 신규 제품개발에 집중하였다. 반면에 N사에는 업황을 체크할 수 있는 부서와 인력이 전혀 없었다. 즉 업황을 고려하지 않고 대기업에서 발주한 물량을 맞추기 위해 열심히 제품을 공급하는 데에만 급급하였다.

창업자의 전문 분야인 개발과 제조 등의 공급관리에만 기업의 역량을 집중하고, 마케팅과 영업 등의 고객관리를 등한시한 탓에 N사는 역성장을 할 수밖에 없었다. 경영 프로세스를 균형적으로 유지하는 것이 경영의 핵심임을 간과한 안타까운 사례이다. 창업 당시에는 개발자로 시작하였지만 창업 이후 창업자는 경영자로 변신을 해야 한다. 창업자 자신이 변하지 않는 한 기업과 종업원은 절대로 변하지 않는다.

　기술창업기업도 기업이기 때문에 기업으로서 경영 프로세스를 수행해야 한다. 다만, 이를 수행하는 데 있어 기술창업기업은 대기업에 비해 분업화, 전문화, 체계화 역량이 미흡하므로 경영 프로세스가 불균형하게 이루어질 수 있다. 그리고 경영 프로세스를 운용하는 역량이 부족하기 때문에 자연스럽게 경쟁력의 약화를 초래하게 된다. 경영 프로세스의 불균형 및 부조화로 인해 기업의 자원이 낭비되고, 사업 추진력이 상실되며, 성과측정에 대한 명확한 원칙이 없기 때문에 조직 내 갈등이 발생하게 된다. 결과적으로 기업이 실제 보유하고 있는 역량에 비해 경영 실적이 저조하게 나타난다. 경영 실적이 부진하기 때문에 고급 인력을 채용하거나 체계적인 경영 시스템을 보유하기 어려워 경영 프로세스는 다시 불균형을 이루게 된다. 한마디로 악순환이 반복되는 것이다(〈그림 12〉 참조).

　악순환의 고리를 끊기 위해서는 공급과정 프로세스가 필요하지만 국내 기술창업기업의 현실을 고려할 때 공급과정 프로세스를 갖추는 것이 어렵다는 사실을 잘 알고 있다. 하지만 글로벌 경기 침체, 낮은 마진율, 대기업의 갑질, 고급 인력들의 회피 등을 탓하고 있을 수만은 없는 노릇이다. 그리고 일부 기술창업기업 중에는 대기업 못지않은 공급과정 프로세스를 갖추고 승승장구

〈그림 12〉 불완전한 공급과정 프로세스로 인한 경영 악순환

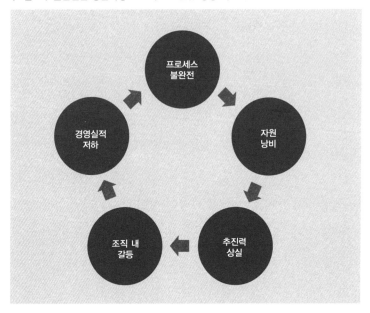

하는 곳도 있다는 점에서 난관을 적극적으로 극복하려는 자세가
필요하다.

# 의사결정 프로세스

경영은 일련의 의사결정 프로세스이다. 기업에서 발생하는 모든 일이 의사결정에서 시작되고, 의사결정 때문에 문제가 해결되거나 시작되기도 한다. 또한 의사결정 프로세스에는 공급과정 프로세스, 종업원, 경영자, 조직 등이 복잡하게 얽혀 있다. 조직의 규모가 커질수록 의사결정 프로세스는 복잡해지고 불투명해지는 경향이 있다. 따라서 기업 경영에서 효율적인 의사결정을 위해 의사결정 프로세스를 정의할 필요가 있다.

피터 드러커에 따르면 의사결정 프로세서는 문제 정의, 문제 분석, 해결책 개발, 최선 해결책 결정, 효과적인 실천의 5단계로 구성된다[42](〈그림 13〉 참조). 이는 식스시그마[6-sigma]의 DMAIC[Define, Measurement, Analysis, Improvement, Control]와 구성이 유사하다.

〈그림 13〉 의사결정 프로세스

문제를 정의하기 위해서는 피상적인 현상이 아니라 본질적인 원인을 파악해야 하기 때문에 결정적 요인critical factor을 찾아야 한다. 또한 기업이 실천할 수 없는 해결책이 제시되지 않도록 해결책의 선행조건을 결정해야 한다.

문제 분석에서는 문제의 종류를 분류하고, 문제와 관련된 사실들을 파악하는 것이다. 문제를 분류해야 시급하게 해결해야 할 문제인지 여부를 확인할 수 있다. 관련된 사실들을 파악하기 위해서는 모든 정보를 수집하는 것이 아니라 의사결정에 필요한 정보를 수집해야 하며, 의사결정 시 부족한 정보가 무엇인지 정의내려야 한다.

대안적 해결책을 개발하기 위해서는 이상적이면서도 최종적인 해결책ideal final solution을 도출해야 한다. 이렇게 선정된 해결책 중에 위험, 경제성, 적시성, 자원의 한계를 고려하여 최적의 해결책을 선택한다.

마지막으로 해결책을 실천하는 종업원들이 쉽게 수용 가능하고 문제 정의 단계부터 그들의 참여를 동반한 해결책을 행동으로 옮겨야 한다.

# 최고경영자의
# 의존도를 낮춰라

|

고대 그리스의 변방 국가였던 마케도니아에서 태어난 알렉산드로스 대왕 Alexandros the Great 은 불굴의 의지와 천부적인 전투능력을 앞세워 분열되어 있던 그리스 도시국가들을 통합하여 페르시아, 이집트, 인도 북서부에 이르는 대제국을 건설하였다. 주목할 점은 알렉산드로스의 정복활동이 그의 나이 22세부터 32세(BC 334~323)까지 약 10년간에 이루어졌다는 사실이다. 알렉산드로스의 동방 원정은 소아시아에서 시작하여 이집트, 이란, 인도 북부를 거쳐 그가 사망했던 바빌론까지 총 2만 7,000㎞로, 도보로 여행하더라도 10년 이상이 소요될 만한 거리이다. 이러한 원정거리를 고려해볼 때, 그는 무수한 전투를 속전속결로 진행하면서 광활한 영토를 급속도로 확장시켜 나갔음을 알 수 있다.

그러나 알렉산드로스 대왕이 원인을 알 수 없는 고열을 앓다가 갑작스럽게 죽음을 맞자 제국은 대혼란에 빠지게 되었다. 대왕이 젊었기 때문에 후계에 대한 대비가 전혀 없었고, 그가 사망할 당시 그의 부인 록사나Roxana는 임신 중으로 왕위를 바로 계승할 적통자도 없었다. 이렇게 되자 알렉산드로스 휘하에 있던 안티고노스Antigonos, 안티파트로스Antipatros, 카산드로스 Kassandros, 리시마코스 Lysimachos, 프톨레마이오스Ptolemaeos, 셀레우코스Seleukos 등 여섯 명의 장군들이 영토를 분할하면서 제국은 순식간에 분열되고 말았다. 결국 리더의 갑작스런 사망으로 인해 대제국이 한순간에 무너지고 만 것이다.

## 내가 기업이다

최근 소비자들의 생활 패턴이 다양해지면서 소비자들이 원하는 시간에 인터넷에 연결된 셋톱박스로 동영상을 시청하는 OTTOver The Top 서비스가 인기를 끌고 있다. 2014년에 설립된 OTT용 가상광고 플랫폼을 제작하는 O사는 OTT 시장의 성장으로 인해 유망한 기업으로 평가되었다. 특히 국내 유력 OTT 사업자를 매출처로 확보하면서 매출액이 2016년까지 매년 100%씩 급증하고 있었다.

하지만 2017년 1월 O사 창업자가 갑작스럽게 교통사고를 당하면서 위기가 발생하였다. 창업자가 치료를 위해 병원에 입원했던 3개월 동안 납기 지연 및 불량이 발생해 주요 매출처를 잃었으며, 회계 담당자의 자금 횡령까지 발생하였다. 창업 이후 창업자는 개발, 영업, 재무 및 노무관리 등 기업 경영에 관련된 모든 사항을 직접 결정하여 왔다. 이런 상황에서 창업자의 공백으로 인해 업무 담당자들은 혼란에 빠졌다. 스스로 의사결정을 할 수 없었기 때문에 모든 일을 소극적으로 처리할 수밖에 없었고, 내부 통제시스템이 존재하지 않았기 때문에 자금 횡령까지 발생하는 등 회사는 비정상적으로 운영되었다. O사에는 업무별 부서와 담당자가 분명 존재했지만 모든 의사결정을 창업자 1인이 처리해왔던 것이 가장 큰 문제였다. O사는 사실상 1인 기업이자 창업자 자신이었던 것이다.

대기업은 체계적인 경영 프로세스와 함께 명확한 의사결정체계를 갖추고 있기 때문에 최고경영자 1인에 대한 의존도를 낮출 수 있어 시스템적으로 창업자는 리스크를 피할 수 있다. 하지만 기술창업기업의 창업자는 개발부터 경영지원에 이르는 경영 프로세스 전반을 통제해야 하고, 사내의 시시콜콜한 의사결정까지 관여해야 한다. 따라서 기술창업기업 창업자의 역량은 기업의 생사에 절대적인 영향을 미칠 수밖에 없다.

반면에 글로벌 대기업으로 다른 대기업들과 달리 유일하게 기술창업기업과 유사한 의사결정 체계를 갖추고도 IT 업계를 호령하던 기업이 있다. 바로 스티브 잡스Steve Jobs가 최고경영자로서 활동했던 애플이다.

애플은 맥Mac 소프트웨어 엔지니어링을 담당하는 크레이그 페더리기Craig Federighi가 제안한 혁신적인 소프트웨어 개발에 대해 스티브 잡스가 타당성을 인정하면, 그가 맥 하드웨어를 관할하는 밥 맨스필드Bob Mansfield에게 해당 소프트웨어가 구동될 수 있도록 맥을 개발할 것을 지시하며, 재무담당 최고책임자 피터 오펜하이머Peter Oppenheimer에게 명령하여 개발에 필요한 자금이 조달될 수 있도록 조취를 취할 수 있었다. 의사결정 구조만 놓고 본다면 스티브 잡스의 애플은 기술창업기업 수준이라고 할 수 있었다. 하지만 스티브 잡스는 자신의 역량을 충분히 발휘하기 위해 이 같은 의사결정 구조를 선택하였고, 이로 인해 애플은 혁신적인 제품을 지속적으로 출시할 수 있었다. 즉 제왕적 의사결정 구조의 장점을 충분히 활용하였다.

기술창업기업의 창업자들이 모두 스티브 잡스와 같은 뛰어난 역량을 보유하고 있다면 이 세상에는 수많은 애플이 탄생하였을 것이다. 안타깝게도 대부분의 평범한 창업자는 창업자 단독이 아닌 시스템적으로 기업을 경영해야 리스크를 피할 수 있다.

국내의 많은 기술창업기업은 창업자의 역량을 최대한 발휘하기 위해서가 아니라 경영 프로세스가 불완전하기 때문에 제왕적 의사결정 구조를 취할 수밖에 없다. 즉 많은 기술창업기업은 실질적으로는 1인 기업 체계로 경영되고 있고, 모든 의사결정을 창업자 단독으로 결정하게 된다. 따라서 기술창업기업의 창업자는 완벽한 의사결정이라는 기적을 매일 일으켜야 하는데, 이는 사실상 불가능하다.

요컨대 기술창업기업의 경영 프로세스는 창업자 단 한명에 의해 좌우된다고 말할 수 있다. 오로지 창업자 의사결정에 기업의 생사가 달려 있으므로 실패의 책임 또한 창업자에게 있는 것이다. 따라서 창업자의 경영능력이 부족하거나 창업자가 경영 세계의 알렉산드로스라 하더라도 그의 부재는 곧 기술창업기업의 소멸을 뜻하게 된다.

# 1만 시간의 법칙은
# 기술창업기업에도 통한다

|

12세에 삼각형 내각의 합이 180°라는 사실을 스스로 증명했고, 13세에 파스칼의 삼각형을 발견했으며, 16세에 파스칼의 정리를 증명한 블레즈 파스칼Blaise Pascal. 10세 때 등차수열의 원리로 1부터 100까지의 합을 간단히 계산했으며, 수학뿐만 아니라 천문학, 측지학, 전자기학, 광학 등에서도 탁월한 발군의 실력을 보여주었던 카를 프리드리히 가우스Carl Friedrich Gauss. 수소 폭탄의 효율을 계산할 때 페르미Fermi는 대형 계산자, 파인만Feynman은 탁상용 계산기를 사용했으나, 천장을 보면서 암산만으로 가장 빠르게 해답을 도출했던 존 폰 노이만John von Neumann 등 세상에는 천재라는 이름으로 불리는 이들이 많다. 이들의 우월한 능력을 보고 있으면 혹시 '천재 유전자'가 따로 존재하는 것은 아닌가 하는 생각마저 든다.

그런데 이들과 다르게 '천재 유전자'를 물려받지 못한 평범한 일반인들이 자신의 영역에서 빛을 발하려면 끊임없는 '노력'이 필요하다. 그리고 이런 노력을 객관적으로 수치화할 수 있는 것은 바로 시간, 즉 경험밖에 없다. 이런 점에서 2009년 1월 5일 미국에서 발생했던 '허드슨 강의 기적'[43]은 전문가로서의 경험 시간의 중요성을 깨닫게 해 준 훌륭한 사례라고 생각한다.

당시 155명의 승객을 태운 US 에어웨이 소속 여객기는 새떼와의 충돌로 엔진이 꺼지는 바람에 이륙한 지 불과 4분 만에 허드슨 강으로 추락하고 말았다. 하지만 기장 체슬린 셀렌버거Sullenberger의 침착한 대처 덕분에 155명 탑승객 전원은 무사히 탈출할 수 있었다. 이 사건을 두고 『아웃 라이어』의 저자 말콤 글래드웰Malcolm Gladwell은 기장의 비행경력 1만 9,000시간에 주목하였다. 그는 어떤 분야의 전문가가 되기 위해서는 1만 시간이 필요하다고 주장한다. 1만 시간은 하루 3시간씩, 일주일에 20시간씩 10년을 노력해야 도달하는 시간이다.[44]

모든 창업자가 마쓰시타 고노스케松下幸之助, 스티브 잡스, 잭 웰치와 같은 경영의 대가로 태어날 수는 없다. 따라서 훌륭한 경영자가 되기 위해서는 노력이 필요하고 그 노력에는 '1만 시간의 법칙'이 적용될 수 있을 것이다. 즉 경영자로서 역량을 키우는 데에도 1만 시간, 즉 10년은 필요할 것이다.

이와 관련하여 기술보증기금에서 제시하고 있는 기술창업기업의 생존율과 최고경영자의 동업종 경험 기간 간의 통계자료를 살펴보자.[45]

기술보증기금에서 2011년 보증을 공급한 기술창업기업에 대해 5년간의 생존율을 분석한 결과, 창업자의 동업종 경험 기간이 11년에서 20년 사이인 기업의 생존율은 93.2%로 최고치를 나타냈다. 분석대상 기업의 평균 생존율이 86.2%였다는 점을 고려한다면 창업자의 동업종 경험 기간이 11년에서 20년 사이는 되어야 평균치를 넘어설 수 있었다. 다소 특이한 점은 창업자의 동업종 경험 기간이 20년을 초과하는 경우에는 생존율이 감소하는 것으로 분석되었는데, 이는 경험 기간이 충분한 창업자가 본인의 경험치를 과신한 탓에 발생한 것으로 추측된다.

시장의 규칙은 누구에게나 동일하게 적용되므로, 경험에서 앞선 전문가가 초보자에 비해 확실히 경쟁 우위에 설 것이다. 동일한 업종에서 오랜 기간 경험을 쌓게 되면 자연스럽게 그 분야의 특성을 이해하고 동업종 인력들과 교분을 통한 인맥을 확보할 수 있으며, 다양한 사례들을 직간접적으로 경험할 수 있다. 따라서 창업자의 동업종 종사 경험이 길수록, 동업종 사업에 대한 경영 노하우를 습득할 가능성이 높아질 것이다.

실무적으로 기술보증기금에서 중소기업의 기술사업성을 평가

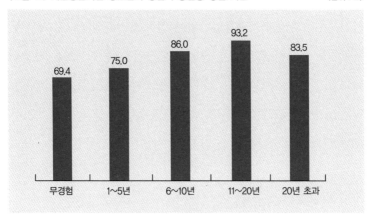

하는 경우, 창업자의 동업종 경험 기간은 주요한 지표로 평가되고 있다. 또한 창업자의 지식수준(학위)과 무관하게 동업종 경험 기간 32년을 보유하게 되면 '동업종 경험수준' 항목에서 A등급을 부여하고 있다. 따라서 고등교육을 이수하지 못한 초등학교 졸업자라 하더라도 동업종 경험 기간이 32년 이상인 창업자는 A등급을 획득하고 있다. 물론 A등급을 받는다고 전체 기술사업평가등급이 A등급이 되는 것은 아니다. 기술사업평가등급을 산출하기 위해서는 '동업종 경험수준'이 포함된 창업자 역량뿐만 아니라 기술성, 시장성, 사업성 등 33개 항목에 대해 평가를 진행하기 때문이다.

기술창업기업의 경영 프로세스는 창업자 1인에게 집중되어 있기 때문에 기업의 명운은 창업자 개인의 경영능력에 좌우될 가능성이 높다. 따라서 기술창업기업에 있어 창업자의 경영능력은 무엇보다도 중요한 요소이며, 창업자의 동업종 종사 경험은 경영능력과 밀접한 연관이 있다. 그리고 기술보증기금의 통계는 기술창업기업의 생존을 위해서는 창업자의 동업종 종사 경험이 최소한 10년은 되어야 한다는 점을 알려주고 있다.

# 시장은 다윗과 골리앗의 싸움, 틈새시장을 노려라

국내 홈쇼핑 채널에서 식품에 이어 가장 많이 팔리는 제품은 화장품이다. 화장품은 그 종류도 다양해서 기초 화장품부터 각종 색조 화장품 등 그 수를 헤아리기도 힘들 정도이다. 요즘은 남성들을 공략하는 화장품들도 상당수 출시되고 있어 국내 남성 화장품 시장만 해도 현재 1조 2,000억 원 규모[46]로 성장하고 있다.

식품의약품안전처에 따르면 국내에서 화장품을 직접 제조하는 제조업체와 위탁 제조하여 판매하는 제조판매 업체는 총 1만 167개이다.[47] 그중 아모레퍼시픽과 LG생활건강만 대기업이고 나머지 1만 165개는 중소기업이었다. 즉 국내 화장품 제조업의 절대다수는 중소기업인 것이다. 하지만 매출액을 기준으로 시장 점유율을 보면 정반대의 상황이 연출된다.

〈그림 15〉 2016년 국내 화장품 제조업 시장 점유율

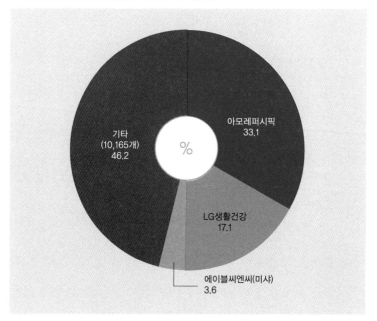

아모레퍼시픽
33.1

기타
(10,165개)
46.2

%

LG생활건강
17.1

에이블씨엔씨(미샤)
3.6

　매출액 기준 두 대기업의 시장 점유율은 아모레퍼시픽 33.1%, LG생활건강 17.1%로, 두 기업의 시장 점유율은 무려 50%에 이른다. 1만 165개의 중소기업 중 소비자에게 나름 인지도를 확보하고 있는 에이블씨엔씨(브랜드명 '미샤')조차 그 점유율이 3.6%에 불과하다.[48] 에이블씨엔씨는 그나마 사정이 나은 편으로 1만 164개 업체들의 평균 시장 점유율은 0.0045%에 불과하였다.

　모든 기업들이 경쟁자가 소수이거나 시장을 독점하는 블루오

션을 꿈꾸고 있지만 국내 화장품 시장은 사방에서 피가 난무하는 레드오션이다. 특히 국내 화장품 시장은 대기업과 중소기업 간의 처지가 극명하게 드러난다. 앞서 살펴본 바와 같이 대기업은 체계화된 경영 프로세스와 함께 고급 인력, 자금력, 인지도 등을 갖추고 시장에 진출하는 반면에 기술창업기업들은 무방비 상태로 정글에 뛰어들고 있다. 따라서 대기업과 기술창업기업이 경쟁하는 시장에서 대기업은 늘 골리앗의 위치에 있을 수밖에 없다.

## 작은 기업이 살아남는 법

화장품 제조판매 업체인 P사의 창업자는 글로벌 화장품업체에서 다년간 국내 유통을 담당하다가 2012년 P사를 설립하였다. 창업자는 투자금을 최소화하기 위해 제조 공장이 필요 없는 제조판매업으로 P사를 창업하였으며, 개발자 1명과 관리직 1명만 채용하는 등 인력에 대한 투자도 최소화하였다.

　P사는 피부타입별 맞춤형 마스크 팩, 코와 눈 같은 부위별 세럼 및 천연성분을 함유한 클렌징 폼을 OEM 방식으로 제조하여 판매하였다. P사는 기초와 색조 화장품 같은 메이저 제품 대신에 마스크 팩, 세럼과 같은 틈새시장을 공략했고, 유행에 따라 제품

주기를 단기간으로 관리하였다. 또한 국내 판매보다는 대만, 홍콩, 태국 등 동남아 지역으로의 수출에 주력하였다. 한류로 인해 동남아 국가들에서 국산 브랜드에 대한 인지도가 향상되고 있는 상황을 충분히 활용한 것이다.

일반적으로 화장품의 주요 구성 성분은 제조사에 관계 없이 대부분 비슷하고, 기능과 향 등을 결정하는 미량의 핵심 성분에서만 차이가 난다. 따라서 P사와 같은 화장품 제조판매 업체는 미량의 핵심 성분만 직접 배합하고 화장품 제조업체를 통해 최종 제품을 OEM 방식으로 생산한다. 최종 제품의 품질과 생산 스케줄을 주도적으로 결정할 수 없는 단점에도 불구하고 이런 사업구조를 채택하는 이유는 공장 설립에 대규모의 자본과 함께 식약처 인증이 필요하고, 수요에 비해 화장품 제조 공장이 충분히 많기 때문이다.

화장품은 유행에 민감하고 소비자의 수요가 다양하기 때문에 틈새시장이 지속적으로 탄생하고 있고, 제조 공장들의 생산량이 수요를 초과하고 있기 때문에 초기 시장 진입이 용이하다. 즉 비교적 낮은 시장 진입장벽으로 인해 국내에 1만 167개나 되는 기업들이 존재하게 된 것이다. 그리고 대기업이 50%의 시장을 차지하고 있는 상황에서 P사와 같은 기술창업기업이 생존하기 위해서는 투자를 최소화하고 수출에 주력해야만 한다.

시장에서는 미성숙한 기술창업기업과 대기업이 동등하게 경쟁을 한다. 마이클 샌델Michael Sandel[49]이 주장하는 미덕을 키우고 공동선을 강조하는 공동체적 정의가 존재할 수 없다. 시장은 오로지 적자만이 생존할 수 있는 정글이다. 물론 정부에서 이런 불공정한 시장의 룰을 개선하고자 중소기업창업지원법, 독점규제 및 공정거래에 관한 법률 및 동반성장 지원책 등으로 기술창업기업을 지원하고 있으나, 이것만으로는 약자들을 지원하는 데에는 한계가 있다. 결국 시장의 룰에 따라 기술창업기업으로서 살 길을 찾아야 한다. 그래서 대부분의 기술창업기업은 대기업과의 정면 승부를 피해 그의 협력업체가 되거나 대기업이 진출하지 않는 틈새 시장에 주력하게 된다.

# 피터 드러커의 세 가지 틈새시장 전략

대다수의 기술창업기업들이 틈새시장에서 활동하고 있으나 정작 틈새시장 전략을 통해 안정적으로 사업화를 추진하는 기술창업기업을 찾기는 쉽지 않다. 여기서는 안정적인 성장을 위해 필요한 틈새시장 전략에 대해 소개하고자 한다. 이와 관련하여 피터 드러커[Peter Ferdinand Drucker 50]는 틈새시장 전략으로 톨게이트 전략, 전문기술 전략, 전문시장 전략 등 세 가지를 제시한 바 있다.

① **톨게이트 전략**

- 톨게이트에서 통행료를 받는 것처럼 필수 제품이라서 소비자는 반드시 구입 해야 한다.
- 제품을 사용하지 않을 때 발생하는 위험이 제품의 가격에 비해 압도적으로 크다.
- 적당한 이익이 발생하지만 시장이 작아서 경쟁자들에게 매력이 없다.
- 유전 개발에는 막대한 자금이 소요되며 도중에 폭발 사고가 발생한다면 엄 청난 손해가 발생할 수밖에 없기 때문에 원유 개발사는 유전폭발 방지장치 를 보험 차원에서 구매할 수밖에 없다.

② **전문기술 전략**

- 새로운 산업 초창기에 전문기술을 기반으로 해당 산업에 확고한 위치를 확 보한다.

- 일단 지배적 지위를 차지한 이후 오랜 기간 동안 그 지위를 유지한다.
- 기술 표준을 독점하고 있기 때문에 경쟁자가 의미 없다.
- 일반적으로 톨게이트 전략에 비해 시장 규모가 크다.
- 보쉬Bosch는 1911년 메르세데스 벤츠를 위해 전기장치를 공급한 이후 현재까지 자동차 부품회사로서는 독보적인 지위에 있다.

③ 전문시장 전략
- 시장의 흐름을 파악하여 변화하는 소비자의 요구에 맞춘 제품을 적기에 출시하는 것이 중요하다.
- 제빵의 수요가 가정에서 공장으로 이동하는 트렌드를 파악하고, 제빵용 자동 오븐기를 출시한 북아일랜드와 덴마크의 두 회사가 대표적이다.

결과적으로, 틈새시장 전략은 치열한 경쟁을 회피하고 안정적으로 생존할 목적으로 소비자의 트렌드를 감지하고 세분화된 시장을 공략하거나, 전문기술을 기반으로 신규 시장에서 지배력을 확보하거나, 수요자들이 톨게이트처럼 반드시 거쳐 갈 수밖에 없게 하는 것이다. 따라서 기술창업기업은 자신이 보유한 기술과 목표 시장에 따라 최적의 틈새시장 전략을 구사할 필요가 있다.

# 고래잡이가 아닌 새우잡이에
# 10년 이상 집중하라

영화 〈포레스트 검프〉의 주인공 검프는 월남전에서 전사한 버바와의 약속을 지키기 위해 새우잡이를 시작한다. 그러나 미숙한 경험과 무지로 인해 새우를 잡기는 커녕 다른 어부들로부터 비웃음만 사게 된다. 그러다 대형 태풍이 해안선을 덮쳐서 항구에 정박해 있던 모든 새우잡이 어선이 피해를 입게 되었으나, 검프의 배가 유일하게 출항하여 악전고투 끝에 조업에 성공함으로써 만선의 기쁨을 누리게 된다. 이때의 성공을 기반으로 검프와 댄 중위는 큰 부자가 될 수 있었다.

2015년 5월 개최된 아시안리더십콘퍼런스 기조연설에서 알리바바Alibaba의 마윈Ma Yun 회장은 영화 〈포레스트 검프〉의 이 장면을 언급하면서 "고래잡이로 돈 버는 사람은 없다. 하지만 새우잡이의 꿈을 10년 지키면 돈을 번다."고 했다.

1999년 4월 알리바바가 설립될 당시 중국의 IT 환경은 매우 척박하였고 전자상거래 시장에 주목하는 기업은 많지 않았다. 하지만 마윈은 고성장하고 있던 중국 제조업에 주목하고, 중국에서 생산된 제품들을 전 세계 기업들에게 공급하는 B2B 전자상거래 마켓플레이스인 '알리바바닷컴'을 시작하였다. 창업 초기에는 사업 부진으로 위기를 겪기도 하였으나, 포기하지 않고 사업에 집중한 끝에 알리바바닷컴은 2014년 드디어 뉴욕 증권거래소에 상장되었다.

마윈 회장의 말처럼 한 가지 사업 영역, 특히 현재는 주목 받지 못하고 있지만 향후 미래 가치가 높은 시장에서 10년이라는 긴 시간 동안 기업이 생존하는 것은 말처럼 쉬운 일은 아니다. 하지만 같은 기간 동안 수많은 위기와 난관을 극복하고 생존한 기업은 분명 그 열매를 거둘 수 있다.


## 바이오인포매틱스계의 새우잡이

인간의 유전자 서열을 분석하는 인간 게놈 프로젝트Human Genome Project 로 인해 2000년 초반 IT와 BT가 융합된 바이오인포매틱스

Bioinformatics라는 새로운 학문이 유행하기 시작하였다. 바이오인포매틱스는 DNA와 단백질의 서열과 구조를 분석하기 위한 방대한 생물학 정보들을 IT 기술을 활용하여 고속으로 처리하는 학문 분야로 기초 연구뿐만 아니라 신약 연구에도 적용할 수 있었다. 이 같은 상황에서 바이오인포매틱스의 사업화를 위해 여러 기업들이 국내외에서 창업하였으나, 대부분의 기업들이 사업화에 실패하였다. Q사 역시 바이오인포매틱스가 유행하던 시기에 창업한 기업 중에 하나였다.

사업 초기 Q사는 제약사 및 바이오 관련 연구기관들에게 바이오인포매틱스를 활용한 생물정보 분석 서비스를 제공하였다. 당시에는 국내에 바이오인포매틱스 관련 연구 인프라가 부족해 관련 분석 서비스에 대한 일정한 수요가 존재했고, Q사의 초기 구성원들이 모두 연구원 출신으로 이 분야에 강점이 있었다. 무엇보다 Q사는 단백질 구조 분석 및 단백질 공학 솔루션을 개발하면서 펩타이드 기반 신약 개발에 필요한 기술 노하우를 확보하게 되었다. Q사는 설립된 지 8년 만인 2009년 마침내 퇴행성 디스크 치료제 개발에 성공하고 이를 국내 대형 제약사와 라이선스 계약을 체결하였다. 이후 퇴행성 디스크 치료제의 임상 테스트가 순조롭게 진행되고 추가적인 신약 개발을 통해 시장에서 사업성을 인정받게 된 Q사는 2017년 코스닥 상장과 글로벌 제약사와의 라이선스 계약 체결을 준비하고 있다.

지금까지의 결과만 놓고 보면 해피엔딩이지만 그 과정은 무척이나 험난했다. Q사는 바이오인포매틱스를 활용해 국내 최초로 펩타이드 타깃 물질을 선별하고, 인비트로$^{in\ vitro}$(살아있는 생명체가 아니라 시험관이나 페트리 디쉬와 같이 제어가 가능한 실험실에서 수행되는 실험)보다 인비보$^{in\ vivo}$(살아 있는 세포(생명체) 안에서 직접 수행되는 생화학, 생물학 실험)를 먼저 테스트하는 등 기존 신약 개발 프로세스와는 역방향으로 개발을 추진하였다. 이로 인해 내부 연구원들 간에 갈등도 있었고 시행착오도 수없이 겪어야 했다. 또한 2001년 설립 이후 2009년 국내 대형 제약사와의 라이선스 계약 전까지 약 8년간 Q사는 안정적인 수익원을 확보하지 못해 금전적인 어려움을 겪고 있었다. 비록 분석 서비스를 제공하고 있었지만 여기서 발생하는 수익으로는 R&D 자금이 부족해서 경영자의 추가 출연, 엔젤투자자들의 소액투자금, 은행 대출금, 정부 R&D 지원금 등 동원할 수 있는 모든 수단을 활용하였다.

Q사는 2009년에 이르러서야 라이선스 계약에 성공했으며, 2017년에 이르러 코스닥 입성을 앞두고 있다. 여기까지 오는 데 무려 16년이라는 세월이 흐른 것이다. 결국 16년 동안 한 분야에 집중한 끝에 성공의 결실을 거두게 되었다.

기술창업기업이 수익성이 불분명한 시장에 장기간 투자하는 것은 매우 어려운 일이다. 이런 관점에서 볼 때 Q사는 예외적인 사례라 할 수 있다. 하지만 독일, 스위스, 스웨덴과 같은 수출 강국에서는 오랜 기간 한 분야에 집중하여 세계 시장을 선도하고 있는 기업들이 다수 존재하고 있다. 이런 기업들을 '히든 챔피언 Hidden Champion' [51]이라고 부른다. 대표적인 사례가 스위스의 니바록스 Nivarox이다. 1933년 설립된 니바록스는 손목시계의 실 태엽 hair spring 분야의 절대 강자로 전 세계 시장 점유율이 무려 90%에 이른다.

대기업에 비해 경쟁력이 부족한 기술창업기업으로서는 대기업과의 경쟁을 피하기 위해서 틈새시장을 공략하는 데 사력을 다한다. 히든 챔피언 역시 틈새시장을 공략하고 있지만, 우수한 기술력과 오랜 기간의 업력을 기반으로 고객들의 수요를 이끌어낸다는 점에서 일반적인 기술창업기업들과는 차이점이 있다.

Q사는 창업 당시에는 주목받지 못한 시장에 남들에 비해 먼저 진출하였고, 16년 동안 한 분야에 집중하였기 때문에 성공할 수 있었다. 단기간의 실적에만 급급했다면 지금과 같은 성공을 맛볼 수 없었을 것이다. 업종과 개별 기업의 상황이 상이하므로 모든 기술창업기업이 Q사와 같은 길을 걸을 수는 없지만, 생계형 창업으로 인해 단명하는 국내 창업 시장에서 Q사의 사례는 분명 귀감이 될 만하다.

# 히든 챔피언 Hidden Champions

필자는 대학원 시절에 박사 학위 논문주제 연구를 위해 펨토초femtosecond 레이저를 사용한 실험을 수행한 적이 있다. 용접용으로 흔히 활용되는 $CO_2$ 레이저와 달리 펨토초 레이저의 경우, 국산품이 없기 때문에 독일이나 미국, 일본 제품을 수입해야만 한다. 그중에서 독일 제품은 성능은 뛰어나지만 가격과 A/S 측면에서는 불만족스러운 부분이 있었다. 그러나 좋은 실험결과를 위해서는 어쩔 수 없이 독일 제품을 선택할 수밖에 없었다.

어느 날 구매를 위해 독일 제조사에 직접 연락했을 때, 그 직원 수와 규모가 예상 밖으로 작아 놀라움을 금치 못했다. 제품가격에 비해 기업규모가 작기 때문에 돈을 많이 벌 수 있겠다는 막연한 생각과 함께 국내에는 왜 이 같은 기업들이 없는지 의문이 들었다. 이후 필자가 삼성전자에서 근무하면서 국내 사업환경이 구조적으로 독일과 같은 기업이 나올 수 없는 환경임을 깨닫게 되었다. 한편으로 생각해보면 이것이 국내 기술창업기업들의 슬픈 현실이다.

필자가 부러워했던 독일의 레이저 제조사처럼 일반인들에게는 생소하지만, 우수한 기술력을 기반으로 틈새시장에서 시장지배력을 확보하고 있는 기술창업기업들이 세계에는 다수 존재하고 있다. 독일의 경영컨설턴트 헤르만 지몬Hermann Simon은 그들을 일컬어 '히든 챔피언'이라고 했다.

그가 제시한 히든 챔피언의 기준은 다음과 같다.

① 세계시장에서 시장 점유율이 3위 이내이거나, 소속 대륙에서 1위를 차지해야 한다.
② 매출액은 40억 달러 이하이다.
③ 대중에게 잘 알려져 있지 않아야 한다.

매출액 규모에서 알 수 있듯이 히든 챔피언들의 목표 시장은 대기업에 비해 소규모이다. 하지만 그들은 제한된 시장에서 막강한 시장지배력을 갖추고 시장을 선도하고 있다. 그리고 목표 시장이 점차로 확대되면서 그들의 성장도 폭발적으로 이루어지고 있다.

히든 챔피언들이 이렇게 성공할 수 있었던 배경에는 '집중'과 '세계화'라는 두 가지 전략이 존재하고 있다. 단일 제품과 단일 시장에 기업의 역량을 집중함으로써 경쟁사와의 차별성을 확보할 수 있었다. '집중' 전략으로 인해 시장이 축소되는 한계를 극복하기 위해 히든 챔피언들은 수출을 통해 '세계화'를 추구하였다. 국가가 달라도 동종 업계에서 만날 수 있는 고객은 비슷한 욕구를 가지기 때문에 이들은 좁지만 하나의 시장을 세계로 확대하는 전략을 추구하였다.

물론 히든 챔피언이 '집중'과 '세계화'라는 두 전략을 통해 성공할 수 있었다 하더라도 근본에는 우수한 기술력이 있었기 때문에 오늘날의 성공을 거둘 수 있었다. 우수한 기술력을 기반으로 단일 시장과 제품에만 집중함으로써 시장 내에서 인지도 확보뿐만 아니라, 확보한 인지도를 기반으로 수출을 추진함으로써 제한된 시장을 확대할 수 있었다. 결국 히든 챔피언이 되기 위해서는 기본적으로 경쟁자들과 차별화된 기술력을 확보해야 한다. 따라서 기술창업기업이 생존하기 위해서는 기술 축적의 시간을 단축시킬 수 있는 능력이 필요하다.

# 유연한 피벗 전략을
# 구사하자

|

기술창업기업의 생존을 위해서는 창업자의 동업종 경험이 10년 이상은 되어야 하고, 히든 챔피언들은 단일 제품과 단일 시장에 오랜 기간 동안 집중함으로써 성공할 수 있었다. 그렇다면 기술창업기업을 창업하려는 예비 창업자들은 반드시 10년을 기다리고 준비해야만 할까? 경험이 부족한 예비 창업자들은 창업의 꿈을 잠시 접어야 하는 것일까? 하지만 사업 경험이 전무하고도 사업에서 성공한 이들이 분명 존재하지 않는가. 이제부터는 부족한 경험을 극복할 수 있는 전략을 제시해보고자 한다.

미국의 핵추진 항공모함 니미츠 호<sup>Nimitz</sup>는 한마디로 세계 최강의 해상 요새이다. F-18 수퍼호넷, 호크아이 조기경보기, EA6B 전자전기, 공격형 헬기 등 80여대의 항공기를 탑재할 수 있는 니미츠 호의 비행갑판은 길이 332m, 너비 76m로 축구장의 세 배 크기이며, 높이는 23층 건물과 비슷하다. 또한 승조인원 6,000 명이 생활하는 데 지장이 없도록 치과, 편의점, 헬스장, 도서관, 수영장 등의 각종 편의시설을 갖추고 있다. 이렇게 엄청난 규모를 자랑하는 니미츠 호는 그 규모로 인해 유사시 급선회는 불가능하다.

반면에 윤영하급 고속함은 길이 63m, 너비 9m, 승조원 40명으로 니미츠 호에 비해 규모는 초라하지만, 최대 속도 40노트(시속 74km)로 기동력이 뛰어나다. 따라서 윤영하급 고속함은 유사시 신속하게 적을 추격할 수 있고 언제든 급선회가 가능하다. 니미츠 호가 작전을 수행하기 위해서 작전 지역으로 이동하는 데에만 며칠이 소요될 수 있는 반면에 윤영하급 고속함은 몇 시간 안에 작전 지역으로 이동이 가능하다. 요컨대 이 둘의 차이는 규모에 있으며 그에 따라 기동 방식이 다를 수밖에 없다.

기술창업기업은 윤영하급 고속함처럼 외부 변화에 신속하게 대응할 수 있는 장점이 있다. 따라서 동업종 종사 경험이 부족한 경영자는 이 점을 최대한 활용할 필요가 있다. 자신의 부족한 경험과 지식을 뒷받침하기 위해서는 시장의 변화에 최대한 신속하게 대응하면서 고객들을 만족시킬 수 있는 제품과 서비스를 개발해야 한다. 특히 자사 제품과 서비스에 고객을 맞추려 하지 말고,

고객에 맞춰 적기에 제품과 서비스에 변화를 주어야 한다. 이와 관련하여 창업 초기의 아이템을 과감하게 혁신시킴으로써 성공하게 된 R사의 사례는 시사하는 바가 크다.

## 생존을 위해서 비즈니스 모델 변경은 필수

대학원에서 가스센서를 연구했던 두 명의 대학원생은 2012년 R사를 설립하였다. 창업 초기 이들은 대학원에서 자신들이 연구개발을 했던 질소산화물 측정용 가스센서와 이산화탄소 측정용 가스센서를 사업 아이템으로 선정하였다.

창업 당시 자동차엔진과 발전소에서 발생하는 질소산화물은 대표적인 대기오염원으로 이에 대한 정밀측정을 위해 질소산화물 센서의 수요가 있었고, 실내 이산화탄소 발생량을 측정하여 실내공기질 모니터링시스템 구축에는 이산화탄소 센서가 필수였기 때문에 창업자들은 시장성이 양호할 것으로 판단하였다. 또한 경영자로서 부족한 동업종 종사 기간과 경영능력을 극복하기 위해 R사 창업자는 청년사관학교에 입교하여 체계적인 창업교육을 받았으며, 안정적인 경영 인프라를 지원받기 위해 대학 창업보육센터에 입주하였다. 이런 노력에 힘입어 R사는 대기업이 주최한 창업경진대회에서 우승하면서 대외적으로 사업성을 인정 받았다.

하지만 자동차 부품인 질소산화물 센서를 사업화하기 위해서는 대규모의 자본과 함께 자동차 제조사로부터 품질인증이 필요한 상태였다. 또한 100% 수작업으로 제조된 이산화탄소 센서는 고가高價로 인해 수요가 정체되고 있었다. 다년간의 연구개발을 통해 확보한 기술력을 기반으로 경영능력을 습득하면서 사업화를 추진하려던 R사 창업자의 계획이 수포로 돌아가려던 순간이었다.

R사 창업자는 독자적인 사업화가 사실상 불가능하다고 판단되자 질소산화물 센서를 중견기업에게 기술이전을 하기로 결정하였다. 동시에 초기 창업기업으로서의 영업능력의 한계를 인식하고 이산화탄소 센서의 목표 시장을 B2C에서 B2B로 수정하고 기술 트렌드에 맞춰 IoT(사물인터넷) 기술을 융합하여 냉장고, 에어컨, 공기청정기 등 가전제품의 부품으로 비즈니스 모델을 변경하였다.

창업 초기의 사업화 전략이 이렇게 수정되자 R사의 기업 가치는 비약적으로 상승하였다. R사는 이전까지 투자자들의 외면을 받았지만 비즈니스 모델 변경 이후 엔젤투자 및 기관투자에 연속으로 성공하였다. 안정적으로 자금을 확보하게 된 후 그들은 대기업과 신제품 출시를 준비하고 있다.

창업 초기 계획했던 대로 순조롭게 사업화가 진행된다면 얼마나 행복하겠는가. 하지만 창업기업의 기대와 달리 시장의 반응은 호락하지 않으며, 오히려 이런 시각차가 자연스런 현상일 수 있다. 중요한 것은 이를 인정하고 그 격차를 줄이거나, 시장의 수요와 소비자의 특성에 맞게 제품을 재설계하여 개발하는 능력이다. R사는 창업 아이템 중 질소산화물 센서의 사업화를 포기하였고, 이산화탄소 센서의 목표 시장을 B2C에서 B2B로 변경하면서 최종 제품을 완제품이 아닌 가전제품의 부품으로 수정하였다.

창업 시 계획했던 전략이 시장에 부합하지 않으면 과감하게 이를 수정하는 것이 올바른 생존 전략이다. 특히 대기업에 비해 경영 프로세스가 유연한 기술창업기업에서는 사업 전략의 수정이나 변경은 용이한 편이다. 오히려 수시로 변화하는 시장 트렌드에 맞춰 신속하게 사업 전략을 변경할 수 있다는 장점이 있다. 장애물을 만났을 때 거대한 항공모함이 유턴하기는 힘들어도 쾌속선은 쉽게 유턴할 수 있다는 사실을 유념하자.

이런 측면에서 볼 때, 최근에 유행하고 있는 린 스타트업Lean Startup 전략은 기술창업기업이 활용할 만한 적합한 사업 전략이다. 기술창업기업이 성공하기 위해서는 시장과 소비자의 속성을 이해하고 시장에 최적화된 제품을 적기에 개발할 수 있는 제품화

능력이 필요하다.

　기업은 사람처럼 끊임없이 발전과 성장을 추구해야 살아남을 수 있다. 그리고 시장이라는 환경에 안정적으로 적응할 때 경쟁에서 승리할 수 있다. 따라서 창업 초기의 사업 전략은 사업화를 추진하는 과정에서 당연히 수정되어야만 하며, 이런 변화를 받아들이지 못한 기업들은 반드시 실패할 수밖에 없다.

# 린 스타트업Lean Start-up

필자가 린 생산방식Lean Production System에 대해 처음 접한 것은 2005년 삼성전자에서 엔지니어로 근무할 때였다. 지금도 그렇지만 제조 공장에서는 공정 시간TACT time과 생산자원의 낭비를 줄이는 것이 핵심적인 이슈이다. 당시에는 제조 부서에서 판매 부서로 제품을 미는 push 것이 아니라 판매 부서에서 생산량을 당기pull는 린 생산방식이 유행이었다. 또한 캐논Canon, 도요타Toyota에서도 린 생산방식을 채택하여 인력, 원자재, 재고 등의 생산자원을 획기적으로 절감하여 JIT Just In Time를 실현하였다. 특히 삼성전자에서는 엔지니어들을 도요타에 파견하여 그들의 우수한 생산시스템을 배울 수 있도록 했다.

그로부터 6년 후 미국의 창업자 에릭 리스Eric Lies가 자신의 스타트업 성공 사례를 기반으로 『린 스타트업』52을 출판하였다. 일본 기업들이 린 방식을 제조 공정에만 제한적으로 적용한 반면에, 에릭 리스는 이 개념을 스타트업 경영 전반으로 확산시켰다. 특히 그는 스타트업의 유연한 장점을 강조하여 스타트업의 성공 요소로 학습Learn을 강조하였다.

에릭 리스가 제안한 린 스타트업의 핵심은 '만들기Build − 측정Measure − 학습Learn'의 과정을 반복적으로 시행하는 프로세스로, 이를 통해 시장에 적합한 제품Production Market Fit을 출시하여 스타트업의 성공 가능성을 향상시킬 수 있다고 주장한다. 대기업과 달리 자원이 부족한 스타트업에서 고객의 수요를 오판한 제품을 시장에 출시한다면 그 기업은 생존하기 어렵다. 따라서 시장에 적합한 제품을 생산하기 위해 스타트업은 최소한의 기능으로 초기 목표 고객들의 구매 의사를 체크할 수 있는 최

〈그림 16〉 린 스타트업 프로세스

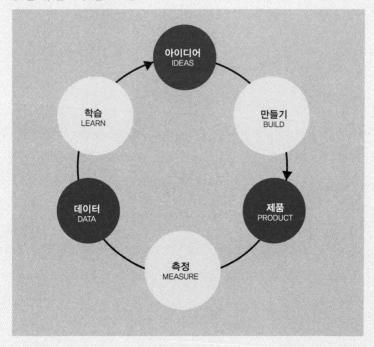

소 존속 제품Minimum Viable Product을 만들고, 이에 대한 고객들의 반응을 측정하며, 고객들의 데이터로부터 진정한 고객의 수요를 학습하는 과정을 신속하게 반복함으로써 시장에 적합한 제품을 출시할 수 있다. 결국 스타트업의 신속한 학습능력을 통해 시장에 적합한 제품을 출시함으로써 스타트업의 성공 가능성을 높일 수 있다.

신산업에
길이 있다

|

대한민국을 1990년대로 회귀시켰던 드라마 〈응답하라 1997〉에
는 "삐비비이이익~" PC통신에 접속하는 모습이 등장한다. 지금
은 추억 속 하나의 아이템으로 사라졌지만, 그 당시 PC통신은 세
상에 없던 새로운 기술이었다.

처음 PC통신이 나왔을 때는 주로 대학(원)생이나 연구원들이
자신이 소속된 기관에서 운용하는 인트라넷 서버intranet server를 통해
외부 통신망에 비교적 쉽게 접속할 수 있었지만, 일반 개인들은
모뎀을 사용해야 했기 때문에 속도나 비용 측면에서 접속에 제약
이 있었다. 이로 인해 PC통신은 주로 동호회, 게임, 채팅 등의 개
인적인 취미 활동으로 활용되고 있었을 뿐, 이를 활용한 비즈니
스는 거의 없었다.

이러한 시기에 일반 대중들이 인터넷을 활용해 커뮤니케이션을 하는 '인터넷 시대'를 예견하고 관련 비즈니스를 시작한 선구자들이 있었다. 프랑스 파리 제6대 대학원에서 인지과학 박사 과정 중이던 이재웅 대표는 대학 후배 이택경, 사진작가 박건희와 함께 1995년 다음커뮤니케이션을 공동으로 창업하였다. 창업 초반에는 명확한 비즈니스 모델이 없이 홈페이지, 인트라넷 구축 등의 용역 서비스를 수행했으나, 1997년 5월 한메일 서비스를 시작하면서 다음커뮤니케이션은 비약적으로 발전할 수 있었다. 인터넷의 보급과 함께 일반 사용자들이 폭발적으로 증가하면서 개인 이메일의 수요 또한 급증한 것이다. 1998년 7월 한메일 이용자는 70만 명, 그해 12월에는 100만 명, 1999년 3월에는 150만 명을 돌파하였다.[53]

기술창업기업은 기존 산업이 아닌 신산업에 주목할 필요가 있다. 최초로 탄생한 신생 시장인 만큼 경쟁자들의 기술완성도가 높지 않을 뿐 아니라 신규 수요를 창출한 만큼 소비자들의 요구 수준 또한 까다롭지 않은 장점이 있다. 지금의 눈높이에서 출범 당시 다음커뮤니티의 메일 서비스 화면을 보면 실망스러울 수도 있겠지만 당시로서는 획기적이었다는 점을 강조하고 싶다. 따라서 기술창업기업이 고속 성장이 기대되는 신산업의 초기에 진입하여 포지셔닝positioning에 성공한다면 안정적인 기업으로 성장할 가능성이 높다.

하지만 신산업에 진출한다고 해서 모두가 성공하는 것은 아니다. 신산업에서 성공하기 위해서는 시장의 트렌드를 정확히 읽고 유망한 시장에 과감한 도전을 해야 한다. 또한 이 과정에서 주위의 부정적인 의견에도 흔들림 없이 사업을 추진할 수 있는 끈기와 집중력이 필요하다.

## 도전에 앞서 깊은 통찰력이 필요

대한민국을 대표하는 글로벌 전자업체인 삼성전자도 반도체 사업 초창기에는 혹독한 시련을 겪었다. 1983년 삼성전자의 반도체 사업 도전에 대해 국내외 평가는 매우 부정적이었다.[54] 일본 미쓰비시 연구소는 '삼성이 반도체 사업에서 성공할 수 없는 5가지 이유'라는 보고서를 작성하고 삼성의 실패를 단언했다. 또한 국책연구기관인 KDI조차 '반도체는 인구 1억 명, GNP 1만 달러, 내수판매 50% 이상이 가능한 국가에서 할 수 있는 산업으로 기술, 인력, 재원이 없는 우리에겐 불가하다.'라고 부정적으로 평가했다. 상황이 이렇게 되자 청와대에서 '반도체 같은 불확실한 사업에 대규모 투자를 했다가 실패하면 국민경제에 엄청난 악영향을 미칠 것'이라며 사업 자제를 요청할 정도였다.

부정적인 외부 시각뿐만 아니라 시장 상황도 최악이었다.[55] 반도체 개발을 마치고 본격 수출하기 시작했던 1984년, 4달러 수준이던 64K D램 가격은 폭락을 거듭해 1985년 중반에 30%까지 떨어졌으며, 1986년에는 전 세계 최대 메모리 제조사였던 인텔이 D램 사업에서 철수를 선언하기에 이르렀다. 매년 적자로 인해 손실이 더해가던 1987년, 이병철 선대 회장이 작고하자 삼성 임원들은 신임 이건희 회장에게 반도체 사업을 포기할 것을 제안했다. 하지만 이 회장은 반도체 사업 추진을 포기하지 않았고, 이듬해인 1988년 반도체 시장에 호황이 찾아오자, 삼성전자는 그동안의 투자금 이상을 반도체 사업에서 벌어들이게 되었다.

미지의 시장을 개척하기 위해서는 모험을 두려워하지 않는 기업가 정신과 함께 신산업에 대한 정확한 이해와 미래를 예측할 수 있는 통찰력이 필요하다. 반도체 사업 진출 전인 1980년에 이병철 선대 회장은 일본의 경제 전문가였던 이나바 슈조稻葉秀三 박사로부터 반도체의 중요성에 대한 조언을 받았고, 1982년 미국 방문 시에는 HP의 사무실과 IBM 반도체 공장을 견학하면서 반도체 산업의 미래에 대한 확신을 갖게 되었다. 이재웅 대표 역시 프랑스에서 인지과학을 공부하던 도중에 '인터넷 시대'가 도래할 것을 예견하고, 학업을 포기한 채 다음커뮤니케이션을 창업하게 된 것이다. 즉 삼성 이병철 선대 회장과 다음커뮤니케이션 이재웅 대표는 어느 날 우연히 찾아온 '촉'과 '감'으로 신산업을 선정한 것이 아니라 새로운 분야의 정보를 습득하고 깊은 통찰력을 바탕으로 새로운 세계에 도전하였던 것이다.

대기업에 비해 자본과 사업 역량이 부족한 기술창업기업이 신산업을 창조하는 것은 현실적으로 불가능하다. 오히려 기술창업기업은 태동하는 신산업을 감지하고 이것이 본격적으로 개화되는 시기에 편승할 수 있는 전략이 필요하다. 이를 위해서 창업자는 무모한 도전정신이 아니라, 시장의 변화를 정확히 해석하고 이에 맞춰 자신과 기업을 단련시켜야 한다. 그리고 마침내 새로운 시장이 열리고 기회가 찾아왔을 때 기업의 역량을 총동원하여 신시장을 선점해야 한다.

# 마케팅의 핵심은
# 창의력이다

|

창업자들은 때로는 단돈 100만 원으로 마케팅을 해결해야 하는 상황에 놓이기도 한다. 소자본과 고효율이라는 양립하기 힘든 두 마리 토끼를 잡기 위해서 기술창업기업은 아이템 및 브랜드를 위한 적정 마케팅을 펼쳐야 한다. 이런 의미에서 웨스트제트 항공 WestJet Airlines 사의 '크리스마스의 기적' 마케팅은 기술창업기업에게 시사하는 바가 크다.

## 크리스마스를 활용한 바이럴 마케팅

1996년 설립된 캐나다의 저가 항공사 웨스트제트 항공은 적은 예산으로 고효율적 마케팅을 기획하는 것으로 유명하다. 그중 2013년 크리스마스 시즌에 실시한 '크리스마스의 기적'의 바이럴 마케팅Viral Marketing이 대표적이다.

'크리스마스의 기적' 마케팅 당시 웨스트제트 비행기에는 산타클로스가 등장하여 탑승하기 전 고객들을 맞이하였다. 산타클로스가 "하하하, 성함이 어떻게 되십니까? 크리스마스 선물로 무엇을 받고 싶습니까?"라고 물어보았다. 그저 재미있는 상황을 연출하는 것으로 생각한 승객들에게서 카메라, 양말과 속옷, 믹서와 스카프 등 소소한 선물부터 대형 평면 TV까지 다양한 대답들이 흘러나왔다. 그도 그럴 것이 누구나 크리스마스 선물을 기대하는 마음이 있기 때문이다.

웨스트제트 항공은 토론토에서 캘거리까지 운항하는 항공기 두 대를 선정해 공항 대기 지역에 디지털 화면이 장착된 선물 상자 모양의 간이 시설을 설치했다. 그리고 승객들이 탑승하기 전 산타클로스가 승객들에게 인사를 건네는 장면을 화면으로 보여주는 마케팅을 펼쳤다. 여기서 끝나는 것이 아니라, 실제로 승객들의 소원을 들어주기 위해 캘거리의 웨스트제트 항공 직원들은 승객들이 말했던 선물들을 직접 구입했다. 250명의 승객들은 착륙 후 짐을 찾으러 간 그곳에서 자신의 이름표가 붙은 소중한 선물을 받았다. 그저 하나의 이벤트로 끝나는 줄 알았던 고객들은 생각지도 못했던 선물을 받고 감동했으며, 이 장면은 유튜브에 동영상이 소개되어 약 4,000만 회 이상의 조회수를 보였다.

기술창업기업은 그 제품의 성격에 맞는 매체를 선정하여 마케팅을 시행하여야 한다. 많은 전문가들이 기술창업자들의 첫 마케팅 방식으로 BTL<sup>Below The Line 56</sup> 방식을 권고하고 있다. 모바일 기술의 큰 발전으로 누구나 손쉽게 자신의 아이템을 촬영하고 유튜브, 페이스북, 트위터<sup>Twitter</sup>, 인스타그램<sup>Instagram</sup> 등에 게시하는 것이 보편화되었다. 실제 이런 방식으로 싸이의 '강남스타일' 같은 유무형의 제품들이 성공을 거두고 있다. 이 방법은 가격 대비 그 효율성이 매우 크며 클라우드 펀딩 유치에 큰 효과를 낼 수 있다.

또한 자금력과 인력이 부족한 기술창업기업에 필요한 '적정 마케팅'이 최근 많이 소개되고 있다. 이런 적정 마케팅은 아이템의 가치 전달이 명확하고, 적은 비용으로 측정이 가능해야 한다. 가장 보편적인 방법은 아이템을 영상화하여 전시회 등에서 소개를 하는 것이다. 이는 고객에게 가장 빠르게 접근이 가능하며, 클라우드 펀딩<sup>Crowdfunding</sup> 유치에도 유리하게 작용한다. 클라우드 펀딩은 투자자의 모집이자 얼리어답터 대상의 최고의 마케팅 활동이다.

적정 마케팅 중에 최근에는 게이미피케이션<sup>gamification</sup>(게임화) 마케팅이 모바일 혹은 온라인 사이트에서 널리 유행하고 있다. 예를 들어 제품 사이트의 출석체크, 글 작성 수, 구매 실적과 같은 사이트 방문자의 활동에 대하여 추적하고, 그에 따라 특별한 혜택을 주며, 누적된 점수에 따라 이용자 활동 순위를 매겨 사이트에 공개한다. 이 기법은 게임의 기술거래에 대한 동기부여 요소와 중독 요소를 상품과 서비스에 적용해 고객을 유도한다. 즉 상품과 서비스에 놀이와 도전, 성취와 포상 같은 게임 요소를 가미해 소비자들이 자발적으로 상품과 서비스를 이용하게 하고, 소비 행위를 일종의 게임 플레이어들 간의 경쟁으로 치환해 지속적인 소비가 일어나도록 유발한다.

# 구글은
# 경쟁하지 않는다

|

시장이 수요와 공급이 일치하는 상태에서 가격과 거래량을 결정하는 수요-공급 법칙은 경제학의 기본 이론으로 완전경쟁시장을 가정하고 있다. 즉 이상적인 완전경쟁시장에서의 가격과 거래량은 시장이 결정하게 된다. 하지만 현실에서는 시장이 아닌 공급자가 이를 결정하는 경우가 있다. 이런 공급자를 '독점기업'이라고 한다.

보통 경제학을 배울 때 '독점'은 부정적인 것으로 설명되지만(실제 공정위는 대기업들의 '독점'을 어느 정도 규제하고 있다), 기업 입장에서는 추구해야 할 대상으로 인식된다. 독점은 경쟁을 피하고 진입장벽을 높일 수 있는 가장 강력한 사업적 전략이다.

『제로 투 원』[57]의 저자 피터 틸Peter Thiel은 구글과 미국 항공사들의 시가 총액 차이를 '독점'과 '완전경쟁'으로 설명하고 있다. 2012년 미국 항공사들은 수백만 명의 승객을 매년 실어 나르며 1,600억 달러의 매출을 기록하였지만 영업이익률은 1%에도 미치지 못하였다. 하지만 2012년 구글 매출액은 500억 달러로 항공사들의 1/3 수준이었지만 영업이익률은 21%로 무려 스무 배 이상 높았다. 이 같은 영업이익률의 차이는 바로 '독점'과 '완전경쟁'에서 발생한다. 미국 항공사들은 서로 경쟁하지만 구글은 경쟁자가 없었다. 피터 틸은 전 세계 모든 기업은 '독점' 혹은 '완전 경쟁'으로 분류할 수 있으며 자신은 '독점' 기업에만 투자한다고 하였다.

기업은 시장이 정의롭거나 인자하지 못하고 본질적으로 불공정하고 치열하다는 사실을 깨닫는 순간, 본능적으로 생존을 위해 경쟁을 회피하는 방법을 모색하게 된다. 그런 점에서 경쟁을 기피하기 위한 SO 전략(SWOT 분석에서 기업 내부의 강점을 기반으로 외부적 기회요소를 활용하는 전략)과 틈새시장 전략은 타당하다고 볼 수 있다. 하지만 기술을 사업화하는 기술창업기업, 특히 초기 창업기업의 경우에는 최소한의 경쟁도 치명적일 수 있다.

따라서 근본적으로 경쟁이 발생하지 않는, 독점 비즈니스 모델을 갖추는 것이 최상의 해결책이라고 생각한다. 일반적으로 시장경제에서는 독점으로 인한 폐해로 이를 규제하고 지양하고 있지만, 새로운 제품, 산업, 시장을 창조하는 '창조적 독점'은 바람직한 지향점이 될 수 있다. 우리가 살고 있는 자본주의 역시 태생적으로 볼 때 경쟁체제와 상극이며, 완전경쟁으로 인해 이윤이 감소한 시장에서 혁신적인 기업의 탄생을 기대하기는 어렵다.

창조적 독점에서 독점이란 법과 정부에 의존해 독점 사업을 운영하거나 경쟁자를 억압하는 것이 아니라, 기술을 활용해 기존에 존재하지 않던 신규 시장을 창조하고 경쟁자들과의 차별성을 부각하여 새로운 시장을 창출하는 것이다. 구글은 경쟁기업보다 기술력이 월등하기 때문에 시장을 독점하고 오랫동안 초과이윤을 얻을 수 있으며, 구글의 초과이윤은 구글의 혁신성을 유지하는 원동력이 된다. 따라서 구글은 경쟁자들을 따돌리기 위해 알파고, 무인자동차, 자동 이미지 인식, 우주여행 엘리베이터 등의 차세대 혁신기술들을 지속적으로 개발하고 있다.


## 기술적 진입장벽이 높은 틈새시장에서 기회를 찾자

인바디는 병원, 피트니스 클럽 등에서 사용되는 전문가용 체성분분석기의 세계 1위 기업이다. 국내 시장의 70~80%, 세계 시장

BIA Bioelectrical Impedance Analysis (인체에 전기를 흘려보내 측정한 수분량을 토대로

체성분을 측정하는 분석법 측정법 기준)의 40%를 점유하고 있는 것으로 추정된다.[58] 이 같은 인바디의 성과 뒤에는 우수한 기술력과 함께 새롭게 태동되던 시장을 감지하고 뛰어든 차기철 대표의 뛰어난 통찰력과 도전정신이 있었다.

차기철 대표는 미국 유학시절 기존 체성분 측정기의 정밀도와 재현성에 문제가 있음을 발견하고 기존 측정기보다 우수한 측정기를 만들 수 있다는 자신감으로 창업을 결심하였다. 1995년 귀국 후 기술개발에 착수하면서 그는 가격경쟁이 치열한 저가의 가정용 체성분 분석기가 아닌 기술력으로 승부할 수 있는 고가의 전문가용 체성분 분석기를 개발하기로 결정하였다. 1990년대 초반 미국 RJL, 일본 타니타TANITA가 제품을 출시하면서 시작된 전문가용 체성분 분석기 시장은 막 태동기였다.

1년 2개월의 개발 끝에 체성분 분석기를 완성한 차기철 대표는 1996년 인바디를 창업하고 1호 제품을 시장에 출시하였다. 하지만 제품가격이 1,650만 원으로 일본 타니타 제품보다 약 2.5배나 높았다. 아무리 제품 성능이 뛰어나다 해도 인지도가 없는 국내 중소기업 제품을 1,650만 원이나 주고 구매할 소비자가 있을까. 이에 인바디는 양방 병원에 비해 효능을 객관적으로 입증할 수 있는 장비가 부족한 한방 병원을 집중 공략하였다. 인바디의 체성분 분석기는 한약재가 체지방, 근육량 등 인체의 영향 및 균형 상태에 어떻게 영향을 미치는지를 과학적으로 설명해 주었다. 객관적인 수치로 한약재의 효과를 입증할 수 있는 인바디 제품에 대한 소문이 퍼지면서 한방 병원들이 인바디 제품을 적극적으로 구매하기 시작했다. 이후 인바디는 양방 병원 및 피트니스 클럽으로 고객을 확대해 나갈 수 있었다.

또한 초기부터 일본과 미국 등의 선진국에 직접 수출을 추진하였다. 특히 일본과 미국은 고령화와 비만으로 인해 체성분 측정기에 대한 수요가 지속적으로 증가하고 있었기 때문에 유망한 시장이었다. 이들 시장을 공략하기 위해 인바디는 전문가들인 의사들과 헬스 트레이너들을 집중 공략하였다. 그들에게 구체적인 임상 데이터를 제공하고 제품의 우수한 성능을 입증하면서 해외 시장을 개척할 수 있었다.

요컨대 인바디는 기술적 한계와 일반 대중의 인식 부족으로 숨겨져 있던 체성분 분석기 시장에서 사업의 기회opportunity를 발견하였고, 기존 제품의 문제점을 극복한 혁신 제품을 개발하여 고사양 시장에 먼저 진입함으로써 SO 전략을 적절하게 구사하였다. 또한 마케팅 인력과 영업망이 부족한 상황을 타계하기 위해 고사양 제품의 소비자들에 대해 학회와 전시회를 통해 기술 마케팅을 펼쳤다. 즉 성장 잠재력이 큰 틈새시장에 성공적으로 진입한 이후에는 시장을 확대하기 위해 고객 맞춤형 마케팅 전략을 수행한 것으로 평가된다. 이런 점에서 볼 때 인바디는 신규 시장의 진입 혹은 시장을 창출하려는 기술창업기업들에게 좋은 사례가 되고 있다.

기술창업기업은 기업으로서 갖춰야 할 양산기술, 자본, 인력 등의 자원이 부족하고 창업자를 비롯한 경영진의 경력도 미천한 경우가 다반사이다. 이런 불리한 상황에서 다수의 경쟁자들, 그것도 프로들이 포진하고 있는 시장에 진출한다는 것은 마치 카지노에 용돈을 들고 찾아간 초등학생과 같을 것이다. 결과는 누가 보더라도 뻔하다. 따라서 기술창업기업은 게임의 룰을 지배할 수 있는 신규 시장을 창조하고 기술적 노하우를 기반으로 고도의 진입장벽을 형성하는 것이 바람직할 것이다.

기술창업기업을 준비하는 예비 창업자들이 이러한 점을 잘 인식하고 자신의 기술이 향후 어떤 시장을 창조할 수 있으며, 경쟁자들이 따라올 수 없는 기술적 장벽을 어떻게 준비할 것인지 깊이 생각해보길 바란다.

# SWOT 분석

어떤 일이든 성공하기 위해서는 전략을 수립하는 것이 중요하다. 완벽한 전략을 위해서는 자신과 자신이 처한 환경에 대한 구체적인 분석이 필수요소이다. 기업 경영도 마찬가지이다. 기술창업을 실행하기 전 기업 경영과 관련하여 대표적인 분석 도구인 'SWOT 분석'을 활용하여 시장과 환경을 분석하고 위협에 대응할 수 있는 전략수립이 필요하다.

SWOT 분석은 기업의 내부 환경을 분석하여 강점과 약점을 발견하고, 외부 환경을 분석하여 기회와 위협을 찾아내어 이를 토대로 강점은 살리고 약점은 죽이고, 기회는 활용하고 위협은 억제하는 마케팅 전략을 수립하는 것을 말한다. 이때 사용되는 4요소를 강점 · 약점 · 기회 · 위협SWOT이라고 한다. 학자에 따라서는 기업 자체보다는 기업을 둘러싸고 있는 외부 환경을 강조한다는 점에서 위협 · 기회 · 약점 · 강점TOWS으로 부르기도 한다.

자원이 상대적으로 부족한 기술창업기업은 이러한 SWOT 분석을 활용하여 내부적인 강점과 약점, 시장에서의 위협 및 기회를 파악하여 거대 기업의 경쟁에서 우위를 차지하여야 한다. 기술창업기업의 SWOT 분석은 다음과 같다.

〈표 9〉 기술창업기업의 SWOT 분석

| 내적 요인 \ 외적 요인 | 장점 | 단점 |
|---|---|---|
| | • 경영 효율이 높음<br>• 대외 환경에 신속하게 대응<br>• 다품종 소량생산이 가능 | • 대표자 의존도가 높음<br>• 자금조달능력 열세<br>• 인력 유치, 유지가 어려움<br>• 대량생산 체계 어려움<br>• 원자재 구매비용이 증가 |
| 기회 | 우선수행SO 전략 | 우선보완WO 전략 |
| • 민간 자본의 투자 촉진<br>• 신성장 산업의 성장<br>• 동북아 FTA와 남북교류<br>• 한류로 브랜드 파워 향상 | 1. 투자유치를 통한 자본 확충<br>2. 신규 시장 선점<br>3. 소비자 맞춤형 제품 적기 출시 | 1. 경영 프로세스 및 조직 구성<br>2. 고급 인력 충원, 유지<br>3. 린lean 스타트업 전략 활용 |
| 위협 | 리스크ST 해결 전략 | 장기보완WT 전략 |
| • 엔저로 인한 수출경쟁력 악화<br>• 신흥 시장 경기 둔화에 따른 수출 감소<br>• 금리 인상으로 인한 금융 부담 증가<br>• 내수 침체 발생 가능성 | 1. 미국 등의 선진국 수출 추진<br>2. O2OOnline to Offline 마케팅<br>3. 고정금리 대출로 전환 | 1. 최적화된 경영 프로세스 확립<br>2. 수출경쟁력 확보<br>3. 제조업의 서비스화 추진 |

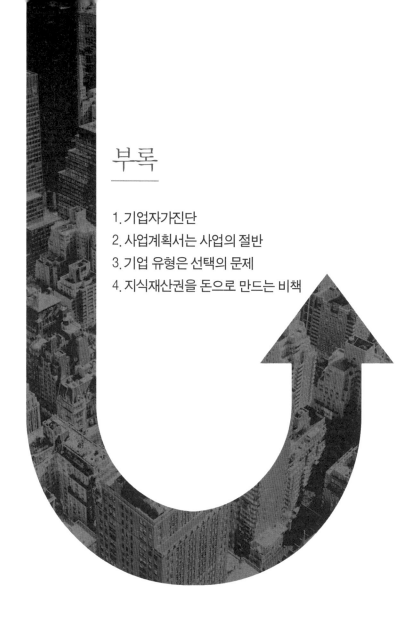

부록

# 1. 기업자가진단

일반적으로 창업에 필요한 아이템, 인력, 자금, 사업화 전략 등을 구상하고 난 후 바로 창업을 실행한다. 물론 이 정도로도 충분하다고 생각할 수 있으나, 일단 실행을 하고 나면 되돌릴 수 없으므로 혹시 부족한 점이 있는지 검토해볼 필요가 있다. 현재 창업자 혹은 창업팀의 수준을 파악하여 경험 부족을 극복하고 약점을 창업 전에 대비해야 한다. 즉 실제적으로 창업을 실행하기 전에 객관적인 기준에 맞춰 창업자 혹은 창업팀의 역량을 스스로 냉정하게 확인해보는 것이다.

**기술사업화 역량 vs. 투자유치준비 역량 평가**

기업자가진단을 수행하기 위해서는 기술사업화 역량과 투자유치 준비 역량을 동시에 평가하게 된다. 기술사업화 역량 평가는 창업자, 기술성, 시장성, 사업성 등 네 가지 항목에 대한 분석이 필요하다. 기술사업화를 추진하기 위해서는 경영자로서의 경영능력, 기술 분석, 목표 시장 분석, 사업주체의 사업화 능력 등 이들에 대한 구체적인 질문을 통해 역량을 평가할 수 있다. 투자유치준비 역량은 투자를 유치하기 위해 투자 관련 기본 개념과 절차, 준비 상태를 체크할 수 있는 평가를 하게 된다.

기술사업화 역량과 투자유치준비 역량은 평가의 목적이 다르기 때문에 결과가 상이하게 발생할 수 있다. 여기서는 투자자정보센터(www.seedream.co.kr)에서 제공하고 있는 기업자가진단 평가 지표와 실제 사례를 통해 평가 결과를 이해하도록 한다.

## 기술사업화 역량 평가

일반적으로 기술창업기업은 조직규모가 작고 체계적인 경영조직을 갖추고 있지 않기 때문에 창업자 개인이 기업에 미치는 영향이 클 수밖에 없다. 일반적으로 기술창업기업 창업자는 제품기획, 개발, 양산, 마케팅, 영업 등 경영 전반에 관여하며, 주도적인 의사결정을 내리게 된다. 따라서 기술창업기업 창업자는 기술개발 능력뿐만 아니라 경영 관리능력을 겸비해야 기업의 성공가능성을 향상시킬 수 있다.

## ① 창업자 역량

구체적으로 진단에 필요한 창업자 항목에는 경력, 학위와 자격증, 사업성공화 경험, 경영 회계 지식, 신용 상태 등 창업자의 지식 경험 수준과 함께 창업자의 자기자금 투자규모, 추가 자금조달 방안, 기술적 완전성 확보 방안, 인력에 대한 보상계획 등 경영관리능력에 대해 평가한다.

## ② 기술성

기술창업기업에게 있어 사업화의 대상이 되는 기술은 핵심 가치로 경쟁기술에 비해 기술적 우수성과 차별성을 갖추어야 한다. 역량 평가는 외부 전문가들이 수행하는 사업타당성 평가가 아니므로 객관성을 확보할 수는 없지만, 창업자 혹은 창업팀의 주관적인 판단을 통한 기술성 평가도 나름대로의 의미가 있다. 창업자 혹은 창업팀이 현재 보유하고 있는 기술의 수준을 판단함으로써 현 단계에서의 부족한 점을 깨닫고 향후 기술개발 전략을 수립하는 데 도움이 될 수 있기 때문이다.

뛰어난 기술만 있다고 저절로 사업화가 되는 것은 아니다. 사업화를 위해서는 기술뿐만 아니라 기술을 구현할 수 있는 있는 기술 인프라가 필요하다. 실제 기술을 제품화하기 위해서는 기술 인력 및 개발환경에 대한 기술 인프라가 충분히 갖춰졌을 때 가능하기 때문이다.

### ③ 시장성

아무리 뛰어난 기술이라도 아직 시장이 형성되어 있지 않거나 시장규모가 축소되고 있는 상황이라면 사업화를 진행할 이유가 없다. 따라서 목표 시장에 대한 분석과 예측은 사업화를 위해서는 필수적인 사항이다. 시장성 분석을 위해서는 목표 시장의 내적 요소와 함께 외적 요소를 모두 고려해야 한다.

### ④ 사업성

창업자, 기술성, 시장성이 우수하더라도 결국에는 사업성이 담보되지 않는다면 사업은 실패하게 된다. 따라서 사업성은 기술창업 기업의 성패 여부가 결정되는 중요한 항목이라고 할 수 있다.

사업화를 위해서는 제품 및 서비스를 추진할 수 있는 능력, 소요 자금 확보능력 및 수익성 창출능력이 필요하다. 사업성 항목은 사업화하려는 기술이 속한 업종에 따라 상이할 수 있는데, 참고로 〈표 10〉에서는 디지털 콘텐츠 업종에 대한 기술사업화 역량 평가 지표가 제시되어 있다.

〈표 10〉 기술사업화 역량 평가 지표

| 항목 | 평가 내용 |
|---|---|
| 경영자 역량 | 1. 동일 업종에 대한 경험이 있다. |
| | 2. 직장생활 경험이 있다. |
| | 3. 해당 기술분야의 기술자격이나 관련 학위가 있다. |
| | 4. 본인 자금 투자규모(담보 포함)는 어느 정도인가. |
| | 5. 리더십과 팀워크 유지능력(발기인 주주 + 창업파트너의 수)이 있다. |
| | 6. 사업성공화 경험(창업 또는 공동 프로젝트 등)이 있다. |
| | 7. 공개적인 신청을 통한 공공지원자금을 획득, 사용한 경험이 있다. |
| | 8. 사업 지연 시 자금조달 방안을 가지고 있다. |
| | 9. 경영/회계 관련 교육이수 경험이 있다. |
| | 10. 외부 투자유치 경험이 있다. |
| | 11. 본 사업과 관련된 사업적 네트워크를 확보하고 있다. |
| | 12. 본 사업과 관련된 기술적 완전성 확보방법이 있다. |
| | 13. 이사회, 주주총회의 구성인원 수(이사, 감사 + 주주의 수)가 갖춰져 있다. |
| | 14. 사업을 하면서 신용불량, 제2금융권 대출 경험이 있다. |
| | 15. 핵심 인력에 대한 확보 전략과 보상계획이 있다. |
| 기술성 | 16. 기술개발전담조직과 인원이 있다. |
| | 17. 기술개발 수상 또는 인증 실적이 있다. |
| | 18. 관련 특허를 가지고 있다(상표, 디자인, 특허 등). |
| | 19. 기술의 차별성이 높다. |
| | 20. 모방기술이 등장할 가능성이 있다. |
| | 21. 원천기술을 가지고 있다. |
| | 22. 제품의 완성도가 높다. |
| | 23. 뛰어난 외부기술 파트너를 가지고 있다. |
| | 24. 공인된 연구전담 부서가 있다. |
| | 25. 기술 자체로 구동이 가능하다. |
| | 26. 연구개발인력의 동종 분야 학위가 있다. |
| | 27. 연구개발인력의 동종 업계 경력이 있다. |
| | 28. 연구개발 투자금액이 있다. |
| | 29. 벤처기업 인증을 받았다. |

| | |
|---|---|
| | 30. 외부의 공식적인 기술성 테스트, 평가서를 받은 적이 있다. |
| 시장성 | 31. 우리 제품 외에 대안은 없는가. |
| | 32. 예상하는 시장의 규모를 알고 있다. |
| | 33. 시장의 성장률을 알고 있다. |
| | 34. 대기업의 참여 업종을 알고 있다. |
| | 35. 독과점이 가능한 시장이다. |
| | 36. 법규제의 도움을 받거나 정부정책에 부합하는 장점이 있다. |
| | 37. 해외진출 가능성이 있다. |
| | 38. 활용할 수 있는 인지도 있는 브랜드를 가지고 있다. |
| | 39. 대체품에 비해 가격경쟁력이 있다. |
| | 40. 대체품과의 성능 차이를 알고 있다. |
| | 41. 진입장벽이 있다. |
| | 42. 사용 패턴에 대한 소비자 교육을 준비하고 있다. |
| | 43. 시장의 인프라가 있다. |
| | 44. 정부나 지자체의 등록이나 인증이 필요하다. |
| 사업화 | 45. 제품생산 시까지 필요한 추가 투자자금이 있다. |
| | 46. 생산시설(솔루션)을 확보하고 있다. |
| | 47. 생산인력(개발자 등)을 확보하고 있다. |
| | 48. 판매처를 확보하고 있다. |
| | 49. 마케팅 전략, 유통망, 유통조직 등이 확보되어 있다. |
| | 50. FGT(Focused Group Test) 경험, 시험성적의뢰, 설문경험 등 시장 테스트를 받아본 적이 있다. |
| | 51. 첫 번째 매출까지의 예상 기간을 알고 있다. |
| | 52. 매출 계약의 체결 또는 진행 수준(퍼블리싱 계약 등)을 알고 있다. |
| | 53. 타깃 고객이 있다. |
| | 54. 수익 모델이 있다. |
| | 55. 유통, 마케팅에 필요한 자금이 있다. |
| | 56. 예상 당기순이익률을 알고 있다. |
| | 57. 외부 투자금의 회수 예상 시기를 알고 있다. |
| | 58. 최초 진입자의 우위 요소를 알고 있다. |

## 투자유치준비 역량 평가

대부분의 창업자 혹은 창업팀이 외부로부터 투자를 받고 싶어한다. 하지만 투자자 입장에서 보면 투자를 하기에는 준비가 안 된 기업들이 대부분이다. 즉 기업과 투자자 입장이 매우 다르다. 따라서 기술창업기업이 투자를 유치하기 위해서는 투자자 관점에서 투자 받을 만한 준비가 되어 있어야 한다.

〈표 11〉의 투자유치준비 역량 평가 지표는 투자자가 피투자기업에 대해 알고 싶어하는 기본적인 사항을 정리한 것으로, 투자유치에 필요한 개념과 투자자를 설득할 수 있는 역량을 갖추고 있는지에 대해 평가한다.

기본적으로 투자자는 투자금이 어떻게 회수될지의 EXIT 전략과 수익률에 관심을 가지고 있다. 따라서 창업자 혹은 창업팀은 투자자에게 이에 대한 구체적인 계획을 제시해야 한다. 또한 투자협상 과정과 투자계약서 작성 시 꼭 알아야 할 용어들에 대한 개념을 정확히 이해해야만 투자자들과 원활하게 의사소통을 할 수 있다는 점을 명심하길 바란다.

〈표 11〉 투자유치준비 역량 평가 지표

| 항목 | 진단 내용 |
|---|---|
| 투자유치 | 1. 향후 2개년 월별 매출 추정 자료를 가지고 있다. |
| | 2. 향후 2개년의 월별 비용 추정 자료를 가지고 있다. |
| | 3. 고정비용, 변동비용 등을 파악하고 있으며 월별 BEP(손익분기점)을 대략 알고 있다. |
| | 4. 회사의 기업가치산정법 중 본질가치평가법을 알고 있다. |
| | 5. 회사의 기업가치산정법 중 상대가치평가법을 알고 있다. |
| | 6. 투자자에게 제시할 우리 회사의 기업가치를 산정한 것이 있다. |
| | 7. 투자자에게 요청할 투자금의 크기와 사용계획에 대한 내용을 가지고 있다. |
| | 8. 투자자에게 제안할 지분율을 산정하고 있다. |
| | 9. 투자자에게 제안할 EXIT 방법을 가지고 있다. |
| | 10. 투자자에게 제안할 수익, 배당, 매입계획 등을 가지고 있다. |
| | 11. 정관이 투자유치를 진행할 수 있도록 정비되어 있다. |
| | 12. 투자유치를 위해 이사회, 주주총회 결의가 필요할 경우 특별결의를 득하는 데 문제가 없다. |
| | 13. 투자 이후 지분희석으로 인한 경영권 방어에 문제가 없다. |
| | 14. 투자유치될 때까지 최소 3개월의 자금을 확보하고 있다. |
| | 15. 엔젤투자자의 개념과 타 투자자와의 차이를 알고 있다. |
| | 16. 기관투자자의 개념과 타 투자자와의 차이를 알고 있다. |
| | 17. 전략적 투자자의 개념과 타 투자자와의 차이를 알고 있다. |
| | 18. 엔젤투자제도와 엔젤투자자 네트워크 또는 POOL을 알고 있다. |
| | 19. 벤처캐피탈 네트워크 또는 POOL을 알고 있다. |
| | 20. 전략적 투자자 네트워크 또는 POOL을 알고 있다. |
| | 21. 투자자를 대상으로 IR, 일대일 미팅, 모의 IR 등을 진행해본 경험이 있다. |
| | 22. 투자자의 기업탐방을 받아본 적이 있다. |
| | 23. 투자자의 TERM SHEET를 받아본 적이 있다. |
| | 24. 기업실사(Due Diligence)를 받아본 경험이 있다. |
| | 25. 상환전환우선주(RCPS)의 투자방식에 대해서 이해하고 있다. |
| | 26. 전환사채(CB), 신주인수권부사채(BW)의 투자방식에 대해서 이해하고 있다. |
| | 27. 보통주, 프로젝트 파이낸싱 투자방식에 대해서 이해하고 있다. |

28. 투자계약서 작성을 위한 다양한 옵션들을 이해하고 있다(리픽싱, 테그어롱, 풋옵션, 동의조항 등).
29. 투자유치를 위한 사업계획서를 가지고 있다.
30. 투자유치를 위한 티저노트를 가지고 있다.
31. 투자자의 피드백을 받아본 경험이 있다.
32. 잠재적 투자자(엔젤, SI, FI)의 네트워크를 가지고 있다.
33. 이사와 주주들의 합의가 있으며, 정관이 정비되어 있다.
34. 투자 이후 독립적인 경영권 유지에 문제가 없다.
35. 잠재적 엔젤투자자 네트워크를 보유하고 있다.
36. 잠재적인 기관투자자의 네트워크를 보유하고 있다.
37. 잠재적인 전략적 투자자의 네트워크를 보유하고 있다.
38. 투자자에게 제시할 투자조건 및 EXIT 전략들을 가지고 있다.
39. 투자계약서에 대한 기본적인 조건들에 대해 이해하고 있다(RCPS 등).
40. 자본조달의 다양한 방법에 대해 이해하고 있다(CB, BW, PF, RCPS, 보통주, 대출 등).
41. 기업실사를 받을 준비가 되어 있다.
42. 투자유치될 때까지 최소 3개월의 자금을 확보하고 있다.

## 기업자가진단 결과 비교

실제로 서로 다른 두 기업인 S사와 T사에 대한 기업자가진단 결과를 〈그림 17〉과 〈그림 18〉에 나타냈다. S사와 T사는 업종과 준비 단계가 동일한 케이스로 두 기업의 기업자가진단 결과를 비교하여 두 기업의 기술사업화 역량과 투자유치준비 역량에 대해 분석해보고 차이점의 원인에 대해 생각해보자.

S사의 기술사업화 역량 총점 73점, T사의 기술사업화 역량 총점 74점이 나왔다. 즉 두 기업은 기술사업화 관점에서는 차이가 거의 없는 것으로 판단되었다. 하지만 투자유치 역량에서 S사는 95점, T사는 45점으로 두 배 이상 차이가 발생하였다. 즉 S사가 T사에 비해 투자를 유치할 가능성이 높은 것으로 판단되었다. 두 기업의 기업자가진단 결과와 같이 실제로 S사는 외부로부터 투자를 유치하는 데 성공했으나, T사는 실패하였다.

  기술사업화 역량은 기술창업기업이 기술사업화를 추진할 수 있는 역량을 평가한 것이고, 투자유치준비 역량은 외부로부터의 투자를 유치할 수 있는 준비 역량을 평가한 것이다. 즉 평가의 목적이 다르기 때문에 그 결과도 상이하게 발생할 수 있다. 결과적으로 기술사업화 역량이 동일한 수준이었으나, S사가 투자유치에 필요한 준비상태가 양호했던 결과로 투자에 성공하였음을 알 수 있다.

〈그림 17〉 S사 기업자가진단 결과

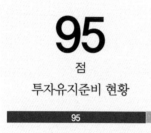

**95**
점
투자유지준비 현황

95

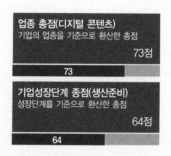

업종 총점(디지털 콘텐츠)
기업의 업종을 기준으로 환산한 총점
73점

73

기업성장단계 종점(생산준비)
성장단계를 기준으로 환산한 총점
64점

64

**역량점수에 따른 분석 그래프**

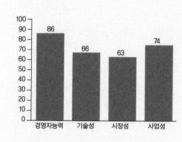

**본인 점수와 평균 점수 비교**

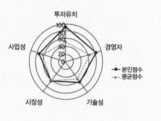

**기업역량 점수에 따른 코멘트**

| 경영자 | 기술성 | 시장성 | 사업성 | 총점 |
|--------|--------|--------|--------|------|
| 우수 | 부족 | 부족 | 보통 | 보통 |

평가 결과는 정량적인 측정이 가능한 지표 위주로 측정되었습니다. 따라서 회사의 정성적인 부분과 잠재력에 대한 부분의 평가가 반영되지 않을 수 있습니다. 또한 업종의 특성상 경영자능력과 사업성에 대한 비중이 높게 반영되어 평가되었습니다.
그 결과 기업의 핵심 역량 평가는 "보통" 수준인 것으로 판단됩니다.
· 경영, 관리능력을 향상시키기 위해 SBA 창업 준비 전문위원과의 상담을 추천드립니다.(필요서류 : 주요인력 프로필, 법인 등기부등본, 주주명부 ex. 우수임원영입, 내부관리체계 도입 등)
· 기술성의 향상을 위해 SBA 기술관리 전문위원과 상의하시기를 추천드립니다. (필요서류 : 사업계획서. ex. 타기업과 제휴, 합병, 우수개발자 영입 등)
· 사업성의 부족한 부분을 보완하기 위해 SBA의 분야별 BD(Business Development) 전문가와 협의하시기를 추천드립니다.

〈그림 18〉 T사 기업자가 진단 결과

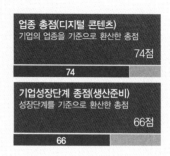

**45**
점
투자유지준비 현황

45

**업종 총점(디지털 콘텐츠)**
기업의 업종을 기준으로 환산한 총점

74점

74

**기업성장단계 종점(생산준비)**
성장단계를 기준으로 환산한 총점

66점

66

역량점수에 따른 분석 그래프

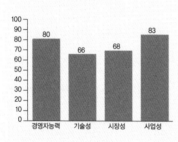

본인 점수와 평균 점수 비교

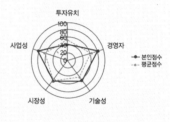

기업역량 점수에 따른 코멘트

| 경영자 | 기술성 | 시장성 | 사업성 | 총점 |
|---|---|---|---|---|
| 보통 | 부족 | 부족 | 보통 | 보통 |

평가 결과는 정량적인 측정이 가능한 지표 위주로 측정되었습니다. 따라서 회사의 정성적인 부분과 잠재력에 대한 부분의 평가가 반영되지 않을 수 있습니다. 또한 업종의 특성상 사업성과 경영자능력에 대한 비중이 높게 반영되어 평가되었습니다.
그 결과 기업의 핵심 역량 평가는 "보통" 수준인 것으로 판단됩니다.
* 경영, 관리능력을 향상시키기 위해 SBA 창업 준비 전문위원과의 상담을 추천드립니다.(필요서류 : 주요인력 프로필, 법인 등기부등본, 주주명부 ex. 우수임원영입, 내부관리체계 도입 등)
* 기술성의 향상을 위해 SBA 기술관리 전문위원과 상의하시기를 추천드립니다. (필요서류 : 사업계획서. ex. 타기업과 제휴, 합병, 우수개발자 영입 등)
* 사업성의 부족한 부분을 보완하기 위해 SBA의 분야별 BD(Business Development) 전문가와 협의하시기를 추천드립니다.

# 2. 사업계획서는 사업의 절반

예비 창업자들이 흔히 하는 오해 중에 하나가 사업계획서와 사업을 별개로 생각하는 것이다. 즉 사업계획서는 창업경진대회, 자금 지원 등을 위해 남들이 보기 좋게 포장하는 것이고, 실제로 사업은 사업계획서의 내용과 별개로 진행한다고 생각하는 것이다. 물론 투자자를 비롯한 외부인들에게 사업계획서를 제시하기 위해서는 어느 정도의 포장이 필요한 것은 사실이다.

하지만 사업계획서와 실제 사업의 불일치는 심각한 문제이다. 사업계획서에는 기술창업기업의 기술, 인력 등의 내부 역량, 시장에 대한 분석, 사업화 전략이 포함되어 있는데, 이는 일종의 지도이다. 사업이라는 미지의 바다로 떠나야 하는데 지도가 없다면 어떻게 항해할 수 있겠는가! 지도가 있기 때문에 항로를 정하고 운행시간을 예측할 수 있다. 사업도 마찬가지로, 보유한 자원을 투입하여 예상된 경영성과(매출액, 이익률 등)를 달성하기 위해서는 사업계획서라는 지도가 필요하다.

따라서 사업을 시작하기 위한 첫 단계로 사업계획서 작성은 매우 중요하다. 실제 사업은 사업계획서에 따라 사업을 실행하는 것이다. 따라서 사업계획서가 없거나 잘못되어 있으면 사업을 실행할 수가 없다. 이래서 '사업계획서 작성이 사업의 절반이다' 라는 말이 나오게 된 것이다.

물론 사업계획서를 작성하는 단계에서 예측하지 못했던 돌발변수나 시장의 변화 등이 사업을 진행하는 도중 자주 발생할 수 있다. 그렇다면 사업계획서는 쓸모없는 것일까? 단연코 아니다. 우선 예측하지 못했던 상황으로 인해 예상이 빗나가는 것은 사업하는 도중에 비일비재하게 발생한다는 점을 인식할 필요가 있다. 한국은행, 한국개발연구원을 비롯한 국책연구기관에서 매년 연초에 정부의 경제성장률을 예측하여 발표하고 있는데, 정확하게 맞춘 경우가 몇 번이나 될까. 수많은 경제전문가들을 보유하고 있는 한국은행조차 일반인들도 대부분 알고 있는 거시경제 지표를 정확하게 예측하지 못한다. 하물며 기술창업기업이 목표 시장의 변화를 예측한다는 것은 불가능한 일이다.

예측의 정확성이 떨어진다는 사실을 인식하였으면 이에 능동적으로 대처하는 기술 전략이 필요하다. 시장과 기업의 상황은 수시로 변화하기 때문에 일종의 리스크에 대한 대처능력이 필요하다. 즉 대내외 상황 변화에 맞게 사업계획서는 수시로 수정을 해야 한다. 사업 구상 단계에서 작성한 사업계획서를 성경처럼 초지일관 신봉하는 것은 위험하다. 창업자는 대내외 상황에 따라 사업계획서를 수정함으로써 변화(리스크)에 대한 대처능력을 길러야 한다. 대처능력의 보유 여부가 기업 생존과 연결될 수 있다는 사실을 명심할 필요가 있다.

사업계획서를 평가하는 심사자에게 기업을 판단할 수 있는 기준이 바로 사업계획서이기 때문에 심사자는 창업자가 설명하는 대로 사업계획서가 작성되어 있는지를 꼼꼼하게 살펴볼 수밖에 없다. 대면 평가를 진행하는 이유 중에 하나가 바로 사업계획서의 내용과 실제 사업에 대한 내용의 일치 여부를 확인하기 위한 것이다. 심사자들은 수많은 기업들의 사업계획서를 검토한 경험이 있기 때문에 실현 가능성이 낮은 사업계획서를 분별할 수 있는 능력이 있다.

사업계획서의 중요성을 인식했다면 다음 단계에서는 사업계획서 작성에 필요한 전반적인 사항을 이해해야 한다.


**사업계획서의 이해**

여기서는 창업 관련 다양한 지원기관에서 작성한 보고서의 내용

중 일부를 발췌하여 설명하기로 한다.

사업계획서란 새로운 프로젝트나 계획하는 사업과 관련하여 투자, 개발, 생산, 판매, 자금 등을 명확히 초점을 맞추어 추진 계획을 요약 정리한 보고서로 다음과 같이 요약할 수 있다.

① 계획사업의 목표가 무엇인지 설명하고 향후 사업추진 동안 목표를 달성하기 위해 어떠한 수단을 사용할 것인지를 설명하는 서류
② 계획사업의 사업방향 및 수행능력 등을 외부에 객관적으로 제시하고 투자자들에게 이를 설득시키는 가장 중요한 자료
③ 새로운 프로젝트나 사업의 성공을 위해서 하고자 하는 사업의 초점을 명확히 맞추어 간결하게 메시지를 전달하는 것
④ 돈 벌 수 있는 아이디어를 실행 가능한 구체적인 계획으로 발전시킨 것

**사업계획서 작성의 필요성**

① 체계적 사업추진을 위한 설계
   - 단순한 아이디어 또는 경험에 의한 주관적인 사업계획을 방지
   - 인사 · 구매 · 생산 · 마케팅 · 재무 등의 기업 경영활동 전반에 대해 사전에 검토

② 계획사업을 위한 시뮬레이션 과정

- 사업수행을 사전에 연습함으로써 시행착오를 예방하고 사업 기간과 비용 절약
- 계획사업의 사전점검을 통한 실패 확률의 감소로 사업자에게 사업 성공의 가능성 상승

③ 이해관계자에 대한 설득자료

- 이해관계자(투자자, 금융기관, 정부 및 지자체 등)를 위한 설득 자료로 활용
- 사업자의 신뢰도를 증진시켜 자금조달이나 각종 정책지원을 받는 데 활용

④ 사업추진을 위한 소개자료

- 기업 간의 사업제휴, 납품 또는 입점 계약, 대리점 또는 가맹점 모집, 공공기관 입찰서류 제출, 인허가 신청, 기술 및 품질인증 등 사업추진을 위한 회사소개 자료로 활용

## 사업계획서 작성 항목

다양한 목적에 맞게 사업계획서를 작성해야 하므로 그에 따라 작

성 항목도 차이가 발생한다. 〈표 12〉와 같이 내부 운영용, 자금 신청용, 투자유치용, 사업 제휴용, IR용, 입찰 제한용 등에 따라 필수 항목과 권장 항목이 상이할 수 있다.

〈표 12〉 사업계획서 작성 항목     ● 필수 항목 ▲ 권장 항목

| 작성항목 | 내부 운영용 | 자금 신청용 | 투자 유치용 | 사업 제휴용 | IR용 | 입찰 제한용 |
|---|---|---|---|---|---|---|
| 회사개요 | | ● | ● | ● | ● | ● |
| 사업개요 | | ▲ | | ● | ● | |
| 제품 및 기술현황 | | ● | ● | ● | ● | ● |
| 시장 환경 | ● | ▲ | ● | ▲ | | |
| 개발계획 | ● | ● | ● | | ▲ | ● |
| 투자계획 | ● | ● | ● | | | ● |
| 마케팅계획 | ● | ● | ▲ | ● | | ▲ |
| 생산계획 | ● | | | | | |
| 조직 및 인원계획 | ● | ▲ | | | | |
| 이익 및 재무계획 | ● | ● | ● | ● | ● | ● |
| 투자제안 | | | ● | | | |

자료 : 기술금융나들목, www.smefn.or.kr

# 3. 기업 유형은 선택의 문제

## 개인기업 vs. 법인기업(주식회사)

사업을 시작하기 위해서 꼭 법인기업을 설립해야 할 필요는 없다. 또한 법인기업에 비해 개인기업이 불리한 점은 없다. 세무서에 가서 개인기업으로 등록하고 사업자등록증을 발급 받으면 법인기업과 마찬가지로 바로 사업을 시작할 수 있다. 법인기업과 달리 개인기업에서 발생한 모든 결과물(제품, 특허, 노하우, 기계설비 등 자산과 유무형의 권리들을 망라)은 모두 개인의 소유물이 된다. 하지만 만약 이 모든 결과물을 혼자서 만들어내기 어렵다면, 그래서 누군가의 도움을 받아야 하고 그 대가로 결과물을 공유해야 한다면 바로 법인기업이 필요하다.

국민들 개개인이 권리 주체이지만 더 큰 목적과 비전을 위해서 국회를 만들어 하나의 독립적인 성격을 부여하듯이, 주주들도 공동의 목표와 수익을 위해서 법인기업을 만들고 법인기업은 스스로 법적인 주체성을 갖게 된다. 국회가 독립체이지만 생명체는 아니기 때문에 국회법과 국회의장, 각종 조직체를 만들어 움직이듯 주식회사 법인기업도 정관을 만들고 대표이사와 이사회, 감사를 주주총회에서 만들고 선출해서 조직으로서 결정권을 갖게 한다. 물론 가장 중요한 일들은 주주총회를 통해 다수결의 보통결의, 또는 전체 주식 수의 1/3, 참석 주식 수의 2/3의 찬성을 얻어야 하는 특별결의를 통해 결정한다.

법인기업과 개인기업 간에는 여러 가지 장단점과 차이점들이 있다. 대부분 상대적인 것으로 어떤 것이 좋고 나쁘다고 단정할 수는 없지만, 법인기업의 가장 큰 장점은 주식 발행을 통해 필요한 만큼의 자본을 소싱하기 유리하다는 것과 (역시 상대적일 수 있지만)개인기업보다 신뢰도가 높게 평가된다는 점이다. 법인기업은 1인의 주주가 100% 지배하고 있다고 하더라도 이사와 감사를 두어야 하고, 정관을 마련해야 하며, 그러한 내용을 등기하여 누구나 볼 수 있게 되어 있다. 또한 법인기업은 여러 가지 세제 혜택을 받는 부분이 있기 때문에 정기적인 회계보고 자료를 만들어야 한다.

## 초기 자본금의 규모 100만 원 vs. 1,000만 원

법인기업 설립 시 자본금은 많을수록 좋을까? 적으면 나쁜 것일까? 많고 적은 것은 상대적인데 어떻게 판단해야 할지 고민이 있을 수 있다. 또한 자본이 많은 경우 자본금을 납입하고 시작하면 좋은 것일까? 이 설립자본금은 진정성과 실용성 측면에서 결정하는 것이 좋다.

자본금은 단순히 돈으로 표현되지만 많은 것을 뜻한다. 만약 60대에 퇴직한 은퇴자가 자본금 100만 원으로 회사를 만들어 사업을 한다고 할 때, 과연 진정성이 전달될 수 있을까? 반대로 대학교 3학년생이 반도체 제조장비 사업에 5억 원의 자본금을 가지고 시작한다면, 이 대학생 사장이 어떻게 이 사업을 하게 되었는지, 정말 본인의 자금과 노하우인지 의심 받을 가능성이 높다. 기존의 반도체 제조장비 사업을 하던 가족이나 지인이 이 학생을 내세워서 사업을 한다고 의심 받을 수도 있다.

실용적인 측면에서 자본금을 너무 적게 책정하여 시작하면 바로 추가 증자를 하게 되거나 IR을 하러 다녀야 하는 상황이 발생한다. 매번 돈이 필요할 때마다 조금씩 증자를 하게 되면 등기비용과 절차상 비용과 시간이 추가적으로 발생하기 때문에 매우 번거롭다. 자본금은 100만 원으로 시작하지만, 대표이사가 돈이 많아서 개인 카드를 사용하여 필요 물품들을 구매해도 상관이 없다. 하지만 그렇게 개인이 집행한 비용들은 회사의 자본금에서 지출된 것이 아니라서 몇 천만 원을 개인이 회사를 위해 사용했다고 하더라도 '이 사업을 위해 투하된 자본'으로 인정해 주지 않을 가능성이 높으며, 인정받는 과정도 번거롭다. 투자자들은 창업자들이 이 사업을 위해 얼마나 희생해 왔으며, 얼마나 자본이 이 사업을 위해서 투하되었는가를 중요하게 생각한다. 자본금이 바로 그런 질문에 대한 또 다른 답변일 수 있다.

## 주주총회, 이사회, 대표이사

주주총회는 주식회사의 최대 의사결정 기구로, 이사들을 뽑기도 자르기도 하며, 대표이사의 연봉 상한선도 결정한다. 매년 결산을 마치면 정기 주주총회를 열어 한 해의 재무제표를 심사하여 이사들을 평가한다. 수시로 중요한 일들이 있을 경우 임시 주주총회를 소집하여 의사결정을 한다.

주주총회의 기본 결의 방법은 참석 주식 수의 과반수가 찬성하는 보통결의(이사의 선임)로 결정하는데, 중요한 사항일 경우 전체 주식 수의 1/4 및 참석 주식 수의 2/3가 찬성하는 특별결의를 통해 결정한다(정관 변경, 이사의 해임, 합병 및 해산). 따라서 대표이사가 특별결의까지 무리 없이 진행할 수 있으면 매우 안정적인 경영권을 가지고 있다고 볼 수 있다. 즉, 모든 주주가 참석했을 경우 66.7%의 지지를 받는다는 것을 의미한다.

# 4. 지식재산권을 돈으로 만드는 비책

기술창업기업들은 기술개발을 통해 특허, 실용신안, 디자인 등의 지식재산권을 보유하는 것이 일반적이다. 지식재산권을 획득함으로써 기술창업기업은 외부로부터 자신의 기술을 보호할 수 있고 타인의 모방기술에 대해 공격할 수 있다. 뿐만 아니라 기술보증기금을 비롯한 다양한 중소기업 지원기관들은 지식재산권 보유 기업에 대해 정책적 우대 정책을 펼치고 있어 기술창업기업에게 지식재산권은 필수적인 요소로 인식되고 있다.

여기서는 위의 내용 외에 기업들이 잘 몰라 활용하지 못하고 있는 지식재산권을 돈(자금)으로 활용할 수 있는 방안에 대해 설명하고자 한다.

## 지식재산권을 자본금으로 전환하라

주식회사를 설립할 때는 자본금이 반드시 필요한데 일반적으로 현금으로 출자하게 된다. 하지만 상법[59]에 따르면 현금뿐만 아니라 현물로도 자본금을 출자할 수 있다. 그런데 이 현물에는 토지, 건물, 기계장치 등의 유형자산도 있지만 지식재산권과 같은 무형자산도 포함된다. 특히 벤처기업[60]의 경우에는 현물출자 대상을 특허, 실용신안, 디자인 및 이에 준하는 기술과 실시권으로 명확하게 정의하였다. 다만, 현물의 경우 그 가치를 평가할 시 그 가치가 과대평가 또는 부당평가될 경우 기업 및 채권자의 이익을 회손할 가능성이 있기 때문에 현물의 가치를 공정하고 객관적으로 평가할 수 있는 평가기관을 엄격하게 제한하고 있다. 통상적으로 기술보증기금은 무형자산의 가치를 평가하고, 감정평가사는 유형자산의 가치를 평가하고 있다.

요약해보면 창업자가 보유한 특허권, 실용신안권, 디자인 등의 지식재산권을 기술보증기금을 통해 그 가치를 금액으로 평가(환산) 받은 후 현금 대신에 지식재산권을 주식회사에 자본금으로 출자하여 자본금을 증자할 수 있다. 즉 현금이 아니라 보유한 지식재산권을 현금으로 환산한 후에 자본금으로 전환하는 것이다. 이는 현금이 부족한 개인이 자본금을 증자할 수 있는 효과적인 방법이지만 아직까지 널리 홍보되어 있지는 않다.

좀 더 구체적인 설명을 위해 예를 들어보자. 자본 5,000만 원, 부채 2억 원인 U사가 있다고 가정하자. 일반적으로 금융기관들은 부채비율은 200% 이내를 권장하며, 300%를 초과하면 정부 R&D 사업에서 배제되므로 부채비율 관리는 중요한 재무관리 포인트가 된다. 하지만 U사의 부채비율은 400%로 재무적 관점에서는 위태로운 상황이다. 따라서 부채를 줄이거나 자본금을 늘려서 부채비율을 감소시켜야 하는데, 부채를 줄이는 것이 쉽지 않기 때문에 자본금을 증자하는 것이 일반적으로 선호된다.

자본금을 증자하려면 현금이 필요한데 U사는 창업 초기 상태라 현금이 부족했다. 하지만 창업자에게는 본인 소유의 특허권을 한 개 가지고 있었기 때문에 이를 현물출자에 이용하기로 했다. 창업자는 기술보증기금에게 특허권에 대한 기술가치평가를 의뢰하였고, 기술보증기금은 특허권에 대한 가치금액을 1억 5,000만 원으로 평가하였다. 이후 창업자는 법원에 현물출자를 신청하고 자본금 1억 5,000만 원을 증자하였다. 이로써 U사의 자기자본은 2억 원이 되어 부채비율은 400%에서 100%로 감소하였다. 재무구조가 획기적으로 개선된 것이다. 재무상태 표에서는 자본이 1억 5,000만 원 증가한 만큼 비유동자산(무형자산)이 1억 5,000만 원 증가하게 된다.

〈표 13〉 U사의 현물출자 전(위), 후(아래)의 재무상태 표 (단위 : 백만 원)

| 유동자산 | 100 | 부채 총계 | 200 |
|---|---|---|---|
| 비유동자산 | 150 | 자본 총계 | 50 |
| 자산 총계 | 250 | 부채 및 자본 총계 | 250 |

| 유동자산 | 100 | 부채 총계 | 200 |
|---|---|---|---|
| 비유동자산 | 300(150↑) | 자본 총계 | 200(150↑) |
| 자산 총계 | 400(150↑) | 부채 및 자본 총계 | 400(150↑) |

　　참고로 현금은 부족하나 다수의 지식재산권을 보유한 연구소 혹은 대학교에서 연구소기업, 자회사 등을 설립할 때 현물출자를 활용하고 있다. 즉 현금 대신 지식재산권을 법인에 현물로 출자함으로써 일정 지분을 확보하는 것이다. 특히 연구소기업은 설립 시 연구소가 20%의 지분을 반드시 취득해야 하기 때문에 현물출자가 널리 활용되고 있다.

## 현명하게 기술가치금액을 상승시켜라

기술을 보유한 입장에서는 당연히 기술가치를 높게 평가 받고 싶겠지만, 공신력 있는 평가기관에서는 결코 과대평가하는 일은 없다. 따라서 현명하게 자신이 보유한 기술의 가치를 높일 수 있는 방안을 모색해야 한다. 실무 경험에 비추어 기술가치금액을 상승시킬 수 있는 몇 가지 방법을 소개하고자 한다.

### ① 매출이 발생할수록 유리하다

사업성 분석 관점에서 매출이 발생하지 않은 개발 단계와 매출이 발생한 상용화 단계는 큰 차이가 있다. 매출은 기술이 시장에 적용되어 사업화가 가능하다는 것을 입증하는 가장 분명한 근거이기 때문이다. 특히 수익접근법을 사용하여 매출액을 추정하게 될 때 매출 발생 여부는 평가자에게 미치는 영향력이 크다. 매출이 발생한 경우와 달리 매출액이 발생하지 않는 기술에 대해 향후 매출액을 추정하는 것은 불확실성이 크기 때문에 가치금액을 산정하는 데 있어 평가자의 판단력이 더욱 중요하게 된다. 즉 평가자의 부담이 커진다는 것이다. 따라서 평가자는 가능한 매출액 추정을 보수적으로 접근하게 되고, 그 결과 가치금액에는 부정적인 영향이 뒤따를 수밖에 없다.

결국 가급적 매출이 발생한 시점에서 가치평가를 받는 것이 유리하고, 불가피하게 매출이 없는 상태에서 가치평가를 진행하게 되면 수주계약서, 구매의향서 등의 향후 매출을 구체적으로 입증할 수 있는 자료를 준비하는 센스가 필요하다.

## ② 유리한 시점을 찾아라

기술가치평가는 기본적으로 평가기준일이 존재하고, 가치평가서에 유효 기간을 명시하게 되어 있다. 즉 기준일 시점에서 기술가치평가를 수행하고 유효 기간을 명시함으로써 가치금액이 상대적으로 변할 수 있는 여지를 남기고 있다. 기술가치금액은 절대적인 것이 아니라 상대적이라는 사실을 명심할 필요가 있다.

동일한 기술을 동일한 기업이 사업화를 추진하더라도 그 기술에 관한 목표 시장의 상황과 기업의 사업능력에 따라 가치금액이 변동할 수 있다. 따라서 목표 시장이 우호적으로 성장하고 있고, 기업의 사업능력이 향상된 시점에 평가를 받는 것이 유리할 것이다. 그리고 가치금액이 변동할 수 있다는 사실을 명심하고, 현 시점에서 다소 실망스러운 가치금액을 얻었다 하더라도 향후에 부족한 점을 보완하면 가치금액이 상승할 수 있다는 점을 인식하길 바란다.

## ③ 노하우보다는 지식재산권으로 확보하자

사업 전략에 따라 기술을 반드시 지식재산권으로 확보해야만 좋은 것은 아니다. 지식재산권으로 등록하려면 기술을 외부에 노출시키는 것이 불가피하기 때문에 외부에 절대 공개해서는 안 되는 핵심기술은 전략적으로 등록을 피할 수 있다. 하지만 지식재산권으로 등록되어 있는 경우에는 청구 항에 따라 기술의 범위가 명확하게 주어지고, 배타적 권리를 확보할 수 있기 때문에 가치평가 시 경쟁기술과의 차별성, 권리성 분석 항목에서 유리하게 작용할 수 있다. 특히 기술가치평가 시 선행기술 대비 진보성, 경쟁기술의 침해 가능성, 권리범위 등에 대한 권리성 검토를 반드시 수행하고 있어 지식재산권으로 확보하지 않는 경우 불이익이 발생할 수 있다. 그리고 실무적으로 기술에 대해 자세히 설명해 놓은 문서(특허공개공보) 등을 제시하는 것이 평가자가 기술을 이해하는 데 도움이 된다.

### ④ 기술가치평가 한계를 이해하자

기술가치평가에 대해 대표적으로 오해하는 것이 가치금액이 '절대적'이라고 생각하는 것이다. 기술의 가치는 기술의 완성도, 목표 시장의 상황, 사업주체의 역량에 따라 언제든지 변동이 가능하다. 특히 이들 세 가지 요소들은 평가시점에 따라 수시로 변하기 때문에 절대불변의 가치금액을 산출한다는 것은 불가능하다.

예를 들어, 개발 단계인지 양산 단계인지 차이, 목표 시장이 성장기인지 성숙기인지 차이, 창업기업인지 중견기업인지에 따라 동일 기술로 사업회를 추진하더라도 가치금액에 차이가 발생할 수 있다. 또한 동일 기술, 동일 시장이라 하더라도 중소기업이 아니라 대기업이 사업화를 진행한다면, 즉 사업주체가 달라지면 가치금액에 차이가 발생할 수밖에 없다.

## 소득에는 세금이 있다

지식재산권은 기술가치평가를 기점으로 그 가치가 결정된다는 점에서 운명이 크게 바뀌게 된다. 즉 기술가치평가를 통해 지식재산권의 공정가치가 산정되면 그때부터 지식재산권은 현금은 아니지만 현금으로 간주된다. 따라서 지식재산권 소유자에게 전에 없던 소득이 발생한다. 그리고 소득에는 반드시 세금이 발생한다. 현물출자와 관련하여 실무적으로 가장 많이 받는 질문이 바로 세금이다. 이에 대한 상세한 내용을 알아보자.

기본적으로 현물출자는 개인이 보유한 지식재산권을 기업에 양도하는 대신 그 대가를 현금이 아니라 그 기업의 주식으로 받는 과정이다. 따라서 엄밀히 해석해보면 지식재산권의 양도라 할 수 있다. 이런 경우 소득세법[61]에서는 '기타소득'으로 정의하고 있으며, 소득세법 시행령[62]에서는 필요경비 80%를 제외한 금액을 소득금액으로 인정하고 이에 대해 소득세를 부과하고 있다. 앞의 예에서 든 U사의 경우 기술가치평가금액이 1억 5,000만 원이 산정되었기 때문에 필요경비를 제외한 3,000만 원에 대해 소득세율 20%를 적용하여 최종 소득세는 600만 원이 부과된다. 소득세의 계산식은 아래와 같이 정리된다.

> 1억 5,000만 원 × 20%(과세비율) × 20%(소득세율) = 600만 원

소득에는 지방세(지방소득세)도 부과되는데 지방세의 세율은 소득세의 10%이므로 U사의 경우 지방세는 60만 원으로 계산된다. 따라서 현물출자 과정에서 소득세와 주민세를 포함한 최종 세금은 660만 원이 된다.

마지막으로 기타소득 중에 필요경비를 제외한 소득금액은 종합소득에 합산된다. 즉 근로소득, 사업소득과 합산하여 종합소득으로 계산된다. U사 창업자의 경우 근로소득, 사업소득이 전혀 없다 하더라도 현물출자로 인해 종합소득이 3,000만 원이다. 따라서 기존에 근로소득 혹은 사업소득이 있는 경우 현물출자로 인해 종합소득이 증가하게 되므로 연말에 종합소득세가 증가할 수 있다는 점을 유의하여야 한다. 특히 종합소득이 4,600만 원, 8,800만 원, 1억 5,000만 원, 5억 원인 경우 세율이 급격하게 증가하므로 종합소득 구간이 이들 경계치 이내가 될 수 있도록 신중하게 관리할 필요가 있다.

## 가지급금 상계처리

기업을 경영하다 보면 개별 기업의 사정에 따라 특이한 경우가 발생할 수 있는데, 그중 가장 골치 아픈 것이 돈에 관한 문제이다. 예를 들어 법인기업의 대표자가 현금을 지출하였는데, 지출 증빙이 명확하지 않은 경우가 있다. 대표자가 사적 이득을 목적으로 법인 자금을 유용할 수도 있지만, 법인 전환 과정에서 과거 개인기업의 채무를 입증할 증빙 자료를 누락하는 바람에 법인기업의 채무로 전환하지 못하는 경우도 있다. 이렇게 법인기업의 현금이 외부로 지출되었으나, 금액과 용도가 명확하지 않아 임시로 사용하는 계정을 '가지급금'이라고 한다. 가지급금은 회계결산 시 정리되는 것이 원칙이지만 그렇지 못한 경우, 회계적으로는 대표이사 혹은 임원에 대한 대여금으로 인식하게 된다. 문제는 가지급금으로 인해 다양한 불이익이 발생한다는 것이다.

세법에서는 가지급금을 대여금으로 간주하고 연 4.6%의 이자를 받도록 규정하고 있기 때문에 가지급금의 이자는 이익금으로 간주되어 법인세가 증가한다. 또한 법인에 대출금이 있는 경우 가지급금의 비율만큼 이자를 비용처리하지 못하기 때문에 역시 법인세가 증가한다. 뿐만 아니라 법인이 이자를 받지 못할 경우 그 이자는 대표이사 혹은 임원의 상여금으로 인식되기 때문에 대표이사 혹은 임원의 근로소득세, 4대 보험료 등이 증가하게 된다. 상환이 사실상 불가능하더라도 대손처리가 불가능하며, 대손처리할 경우 업무상 배임·횡령죄가 적용될 수 있다. 마지막으로 금융기관으로부터 신용평가 시 부정적인 평가를 받을 수 있으며 세무 당국으로부터 우선 세무조사 대상으로 선정될 가능성이 있다.

이렇게 골치 아픈 가지급금을 해소하는 직접적인 방법은 대표이사 혹은 임원이 법인에 현금으로 상환하면 된다. 하지만 가지급금이 고액인 경우 이를 상환하는 것이 현실적으로 쉬운 일은 아니다. 이런 경우에도 대표자 혹은 임원이 보유한 개인 소유 특허에 대한 기술가치평가를 통해 가지급금을 해결할 수 있다. 즉 개인 보유 특허를 법인에게 매각하고 반대급부로 특허의 가치금액만큼 가지급금을 차감(상계)할 수 있다. 물론 이 경우에도 현물출자와 마찬가지로 특허의 가치금액 중 4%(100×20%×20%)의 소득세와 0.4%(4%×10%)의 주민세가 발생한다. 실질적으로 세금 4.4%만으로(기술가치평가 수수료 제외) 가지급금을 해소할 수 있다는 점에서 상당히 매력적인 방법으로 실무적으로 활용되고 있는 방법이다.

# 주석

———

1 木之折也必通蠹, 牆之壞也必通隙. 然木雖蠹, 無疾風不折; 牆雖隙, 無大雨 不壞, 한비자, 제15편 망징

2 2015년 기업생멸행정통계, 통계청, 2016

3 국립암정보센터(http://www.cancer.go.kr)

4 사마광, 박종혁 역, 자치통감, 서해문집, 2008

5 Why Google Glass Broke, New York Times, 2015.02.04

6 래리 다운즈, 춘카 무이 저, 이기문 역, 킬러 애플리케이션, 국일증권경제 연구소, 1999

7 김연성, 박영택, 서영호, 유왕진, 유한주 저, 품질경영론, 박영사, 1999

8 한 벤처기업인의 '잃어버린' 10년, 연합뉴스, 2010.11.12

9 로또 1등 당첨금 탕진 후 상습절도범된 30대 '실형', 헤럴드경제, 2015.04.05

10 '디아블로3' 출시 D-1, 소장판 구매에 4000여명 몰려, 디지털데일리, 2012.05.14

11 '디아블로3'에 대한민국 발칵, 이런 일까지…, 전자신문, 2012.05.15

12 '디아블로3' 첫날 국내 PC방 점유율 2위, 디지털타임즈, 2012.05.16

13 블리자드 WWI 2008에서 디아블로 3 공개, 매일경제, 2008.06.28

14 이경민, 반짝했다 몰락하는 기업의 첫 징후는 성장통?, 세계경영연구원,

2010.08.09

15 에릭 플램홈츠, 이본 랜들 저, 이광준 역, 기업 성장을 방해하는 10가지 증상, 매일경제신문사, 2003

16 4대강 사업비 22조원에서 98조원으로?, 주간경향, 2009.08.11

17 김위찬, 르네 마보안 저, 블루오션전략, 교보문고, 2005

18 Shira Ovide, Daisuke Wakabayashi, Apple's Share of Smartphone Industry's Profits Soars to 92%, The Wall Street Journal, 2015.06.12

19 Michael E. Porter, How Competitive Forces Shape Strategy, Harvard Business Review, 1979

20 2015년 중소제조업 영업이익률 5.23%(2016년 기술창업기업경영지표, 기술창업기업중앙회, 2016) 참고

21 메리 버핏, 데이비드 클라크 공저/김상우 역, 워렌 버핏의 재무제표 활용법 : 10배 오르는 주식은 재무제표에 숨어 있다!, 부크홀릭, 2010.01

22 춘카 무이, 폴 캐롤 저, 이진원 역, 위험한 전략, 흐름출판, 2009

23 Igor Ansoff, Strategies for Diversification, Harvard Business Review, Vol. 35 Issue 5, 1957

24 포스텍 법정관리 신청…STX조선해양 연쇄도산 우려 현실화, MBN, 2016.07.05

25 3% 마진 늪에 빠진 하청업, 기술창업기업뉴스, 2015.04.08

26 갤6 메탈케이스 채택에 지역 협력업체 '눈물', 한국일보, 2015.06.16

27 벤처 6개 대표 단체 공동 성명 발표, 전자신문, 2015.06.15

28 M. M. Bekier, A. J. Bogardus & T. Oldham, Why Mergers Fail, Mckinsey Quarterly, 4, 2001

29 T. Kautzsch, H. Thormahlen & E. J. Vratimos, Post merger integration : A tailored approach to sustainable transaction success, Olyver Wyman, 2012

30 정진한, 김창완, 김민식, IT중소벤처 M&A 현황과 과제 : 코스닥 기업을 중

심으로, KISDI 이슈리포트, KISDI, 2008

31 ㈜대유신소재 분기보고서(2010년 5월)

32 인류 진화의 비밀...6억년 전 일어난 돌연변이, 연합뉴스, 2016.01.12

33 2015년 기업생멸행정통계, 통계청, 2016

34 기술금융 지원사업의 종합성과분석, 기술보증기금, 2016

35 각 연도별 벤처기업정밀실태조사, (사)벤처기업협회

36 성창수, 박명일, 박주연, 윤재승, 조용국, 전병훈 저, 꼭 알아야 할 기술사
   업화 바이블, 도서출판 청림, 2016

37 삼성전자 사업보고서, 전자공시시스템(dart.fss.or.kr), 2017.03

38 한국은행 경제통계시스템(ecos.bok.or.kr)

39 엔씨소프트 사업보고서, 전자공시시스템(dart.fss.or.kr), 2017.03

40 피터 드러커 저, 이재규 역, 경영의 실제, 한국경제신문사, 2006

41 윤종용 저, 초인류로 가는 생각, 삼성전자, 2007

42 피터 드러커 저, 이재규 역, 경영의 실제, 한국경제신문사, 2006

43 Miracle on the Hudson, New York Daily News, 2009.01.16

44 말콤 글래드웰 저, 노정태 역, 아웃라이어, 김영사, 2009

45 2016년 기술금융 지원사업의 종합성과분석, 기술보증기금, 2017

46 이상민 선스틱, 허지웅 선크림... 누가누가 잘파나? 뷰티업계, 고정관념 깬
   이색 모델 붐, 조선비즈, 2017.07.17

47 화장품제조, 제조판매업체 1만개 첫 돌파, 코스인코리아닷컴, 2016.12.28

48 에이블씨엔씨 사업보고서, 전자공시시스템(dart.fss.or.kr), 2017.03

49 마이클 샌델 저, 이창신 옮김, 정의란 무엇인가, 김영사, 2009

50 피터 드러커/권영설, 전미옥 옮김, 위대한 혁신, 한국경제신문사, 2006

51 헤르몬 지몬 저, 이미옥 역, 히든 챔피언, 흐름출판사, 2008

52 에릭 리스 저, 이창수, 송우일 역, 린 스타트업, 인사이트, 2012

53 정보화 리더십 탐구, 조선비즈, 2016.08.17

54  삼성 반도체로 30년 동안 매출 7280배 성장, 중앙일보, 2013.03.14

55  42등에서 1등으로…삼성 반도체 34년의 꿈, 아시아경제, 2017.05.03

56  마케팅의 직접적인 SP(Sale Promotion) 툴 또는 가치확대(Value-up) 활동
    인 전시, 이벤트, 스포츠 스폰서십, PR, DM, TM, PPL(Product Place-ment),
    CRM(Customer Relationship Management), PRM(Partner Relationship
    Management) 등의 직접적인 홍보 활동

57  피터 틸, 블레이크 매스터스 저, 이지연 역, 제로 투 원, 한국경제신문,
    2014

58  인바디, 미래에셋대우, 2017.04.12

59  상법 제295조(발기설립의 경우의 납입과 현물출자의 이행) ② 현물출자를
    하는 발기인은 납입기일에 지체없이 출자의 목적인 재산을 인도하고 등
    기, 등록 기타 권리의 설정 또는 이전을 요할 경우에는 이에 관한 서류를
    완비하여 교부하여야 한다.

60  벤처기업육성에 관한 특별조치법 제6조(산업재산권 등의 출자특례) ① 벤
    처기업에 대한 현물출자 대상에는 특허권 · 실용신안권 · 디자인권, 그 밖
    에 이에 준하는 기술과 그 사용에 관한 권리(이하 '산업재산권등' 이라 한
    다)를 포함한다.

61  소득세법 제21조(기타소득) 제1항 제7호 광업권 · 어업권 · 산업재산권 ·
    산업정보, 산업상 비밀, 상표권 · 영업권(대통령령으로 정하는 점포 임차
    권을 포함한다), 토사석(土砂石)의 채취허가에 따른 권리, 지하수의 개
    발 · 이용권, 그 밖에 이와 유사한 자산이나 권리를 양도하거나 대여하고
    그 대가로 받는 금품

62  소득세법 시행령 제87조(기타소득의 필요경비계산) 법 제37조 제2항 제2
    호에서 "대통령령으로 정하는 경우" 란 다음 각 호의 어느 하나를 밀한다.
    1. 다음 각 목의 어느 하나에 해당하는 기타소득에 대해서는 거주자가 받
    은 금액의 100분의 80에 상당하는 금액을 필요경비로 한다.

끝까지 살아남는
탄탄한 기업의 비밀

초판 1쇄 인쇄 2017년 09월 10일
초판 1쇄 발행 2017년 09월 15일

지은이 박명일
펴낸이 안종남

펴낸 곳 지식인하우스
출판등록 2011년 3월 31일 제 2011-000058호
주소 121-904 서울시 마포구 월드컵북로400(상암동) 문화콘텐츠센터 5층 5호
전화 02) 6082-1070
팩스 02) 6082-1035
전자우편 jsinbook@naver.com
블로그 blog.naver.com/jsinbook

ISBN 979-11-85959-40-5 03320